AF568262

camino.

Judith Vonderau
illustriert von Katrina Lange

DIE ALLERSCHÖNSTEN GEBETE FÜR KINDER

MIT LIEDERN VON GOTT UND GESCHICHTEN AUS DER BIBEL

camino.

Dieses Buch gehört:

. . . .

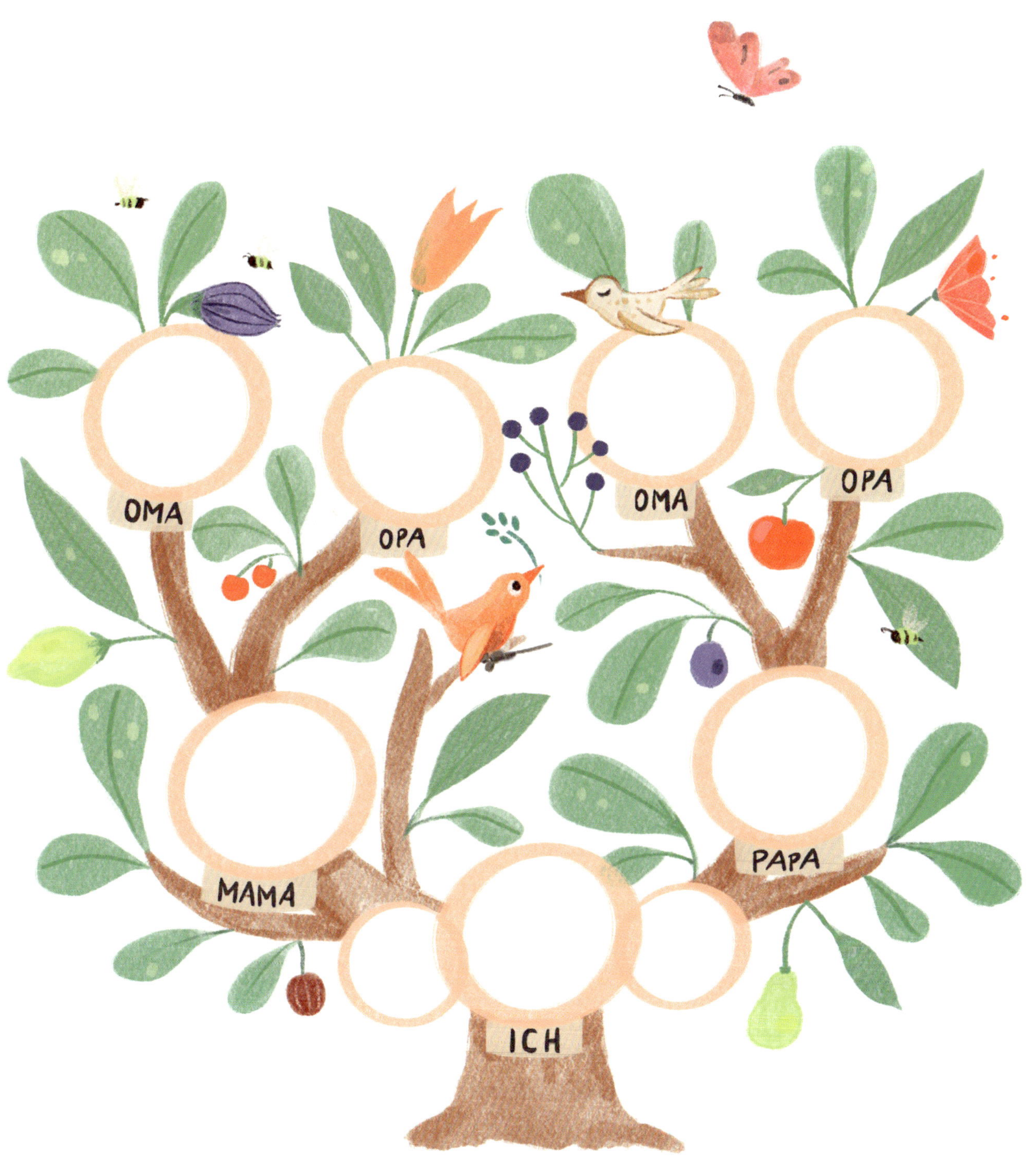
OMA
OPA
OMA
OPA
MAMA
PAPA
ICH

INHALT

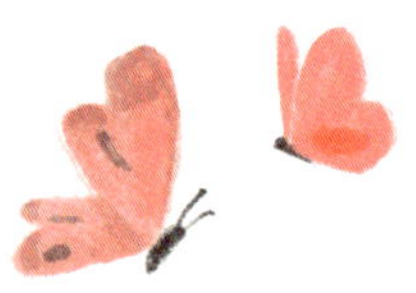

FÜR JOHANNA UND LIOBA

VORWORT

Liebe Eltern, Großeltern und alle anderen, die ihr kleine Kinder auf ihrem Weg durchs Leben begleitet!

„Lasst die Kinder zu mir kommen" sagt Jesus im Markusevangelium (Mk 10,14). Diese Aufforderung sagt er zu euch und zu mir, denn wir sind es, die unseren eigenen Kindern und den Kindern, die wir begleiten, von Gott erzählen und sie mit Religion, Gott und Glauben in Kontakt bringen können. Wir dürfen von Gottes Liebe erzählen, von der Hoffnung auf ihn und von unserem eigenen Glauben. Wir dürfen den Kindern eine Welt eröffnen, in der sie Gott als einen Gott ihres persönlichen Lebens und ihres Alltags erfahren können.
Eine wunderbare Aufgabe – und gleichzeitig eine große Herausforderung!

Seit ich selbst Kinder habe, stehe auch ich vor dieser Aufgabe. Meine kleinen Kinder stellen die großen Fragen des Lebens und ich möchte sie in möglichst einfachen Worten beantworten. Gar nicht so leicht! Deshalb dieses Buch: Es möchte auf über 200 Seiten zur Beschäftigung mit Gott und zur Gottesbegegnung einladen. Es möchte einladen, Gott auf vielfältige Weise näherzukommen – in Gebeten, Liedern, Bibeltexten, an den Festen im Jahreskreis, im Gottesdienst… und nicht zuletzt ganz einfach durch unser Sein.

Dieses Buch möchte euch und eure Kinder an die Hand nehmen zum gemeinsamen Stöbern, Entdecken, Ausprobieren, Kennenlernen und Nachfragen. Es möchte Mut machen, trösten, Freude teilen und Liebe spürbar werden lassen. Es möchte Antworten geben und gleichzeitig Fragen eröffnen zum Weiterdenken.

Dabei geht es von der Lebenswelt der Kinder aus: von ihrem Alltag und ihren Fragen an die Welt und von den Themen, die sie beschäftigen. Ein Buch für Kinder und gleichzeitig für Erwachsene, denn auch wir sind immer wieder herausgefordert, unseren eigenen Glauben und unsere Weltsicht zu hinterfragen und zu reflektieren, um zu wissen, wer wir sind und was uns durchs Leben trägt.
Für diese ganz besondere Aufgabe wünsche ich euch und euren Kindern viel Neugier, Entdeckungslust und Offenheit für den Gott eures Lebens!

Judith Vanderau

KINDER
GEBETE
DURCH DEN TAG
UND DURCH DAS JAHR

MORGENGEBETE

START IN DEN TAG

Guter Gott, heute Nacht habe ich richtig gut geschlafen.
Ich fühle mich wach und fit und kann jetzt in den Tag
starten. Danke, dass du immer bei mir bist und mich auch heute begleitest.
Amen.

JUDITH VONDERAU

MIT GOTT DURCH DEN TAG

Guten Morgen, lieber Gott,
ich springe aus dem Bett ganz flott
und freu mich auf den neuen Tag,
auf alles, was er bringen mag.
Amen.

JULIA KOTTAL

GESPANNT AUF DEN NEUEN TAG

Ein neuer Tag liegt vor mir, lieber Gott.
Ich bin gerade aufgestanden
und ganz gespannt darauf,
was heute so alles passiert.
Lieber Gott,
lass es einen schönen Tag werden.
Amen.

PIA BIEHL

DA BIN ICH WIEDER

Guten Morgen, lieber Gott, da bin ich wieder.
Ich habe richtig gute Laune!
Scheint die Sonne? Prima!
Es regnet?
Klasse, dann kann ich in die Pfützen springen.
Danke, dass du diese Nacht
auf mich aufgepasst hast, lieber Gott.
Geh auch mit mir durch den Tag.
Amen.

PIA BIEHL

DU PASST HEUTE AUF MICH AUF

Lieber Gott, die Nacht ist vorbei.
Draußen ist es ganz hell.
Du hast mich beschützt.
Lass diesen Tag schön werden!
Pass gut auf mich auf!
Dafür danke ich dir.
Amen.

REINHARD ABELN

JESUS BEGLEITET MICH

In Gottes Namen steh ich auf,
Herr Jesus, leite meinen Lauf,
begleite mich mit deinem Segen,
behüte mich auf allen Wegen.
Amen.

VOLKSGUT

EIN NEUER TAG

Lieber Gott, ich hatte einen schlimmen Traum,
bin endlich wach, die Nacht war ein Grauen,
Nun starte ich in einen neuen Tag,
der mit deinem Segen schön werden mag.
Amen.

QUELLE UNBEKANNT

DEIN SEGEN FÜR DEN TAG

Guten Morgen, lieber Gott!
Na, bist du auch schon wach?
Ich habe sooooo gut geschlafen!
Mal sehen, wie der Tag heute so wird.
Wenn ich aufpasse und du aufpasst,
kann ja eigentlich nichts schief gehen.
Gib mir deinen Segen für diesen Tag, guter Gott.
Amen.

PIA BIEHL

SUPER GUT GELAUNT

Ich will dir etwas sagen, lieber Gott:
Heute bin ich super glücklich.
Heute scheint die Sonne für mich.
Ich freue mich auf die Milch im Müsli,
auf den Schulweg, auf meine Freunde.
Ich freue mich auf diesen neuen Tag!
Ich will dich um etwas bitten, lieber Gott:
Hilf mir, dass alles gut klappt!
Hilf mir, dass ich nett bin:
Zu Mama und Papa und zu allen Menschen.
Hilf mir, dass ich auch zu Menschen nett bin,
die ich nicht so super finde!
Amen.

REINHARD ABELN

BLEIBE IMMER BEI MIR

Lieber Gott, du machst,
dass es Tag wird,
dass ich gesund aufwache,
dass meine Eltern für mich da sind,
dass ich gute Freunde habe,
dass ich jeden Tag satt werde,
dass ich ein warmes Bett habe.
Du bist so gut zu mir.
Jeder Tag ist ein Geschenk von dir.
Lieber Gott, ich bitte dich:
Bleibe immer bei mir!
Dann bin ich glücklich und froh.
Amen.

REINHARD ABELN

KEINE LUST AUFZUSTEHEN

Lieber Gott, heute mag ich gar nicht aufstehen. Ich will am liebsten im warmen und gemütlichen Bett bleiben und mich hier verkriechen.
Bitte gib mir den Mut aufzustehen, damit ich entdecken kann, was mich an diesem Tag alles erwartet. Amen.

JUDITH VONDERAU

DU HAST ALLE MENSCHEN LIEB

Lieber Gott, ein neuer Tag beginnt. Ich freue mich, dass ich heute wieder meine Freunde treffen werde. Vielleicht werde ich heute auch Menschen begegnen, die ich nicht so gern mag. Bitte hilf mir, dass ich auch zu ihnen freundlich bin. Du hast alle Menschen gleich lieb. Deshalb will ich auch zu allen freundlich sein. Amen.

JUDITH VONDERAU

DU BIST IMMER BEI MIR

Guter Gott, heute habe ich Angst. Ich weiß nicht, was mich an diesem Tag erwartet. Danke, dass du bei mir bist, auch wenn es mir schlecht geht und ich nicht weiter weiß. Danke, dass du mit mir durch den Tag gehst. Amen.

JUDITH VONDERAU

SEGENSGEBETE
DURCH DEN TAG

EIN NEUER TAG

Ein neuer Tag liegt vor mir.
Ich weiß nicht, was mich heute erwartet.
Ich freue mich auf alles, was es heute zu entdecken gibt.
Danke für diesen Tag!

JUDITH VONDERAU

HEUTE GEHT'S IN DEN KINDERGARTEN

Heute gehe ich wieder in den Kindergarten. Ich freue mich schon auf die anderen Kinder, aufs Spielen, Basteln und Toben. Begleite du mich heute durch meinen Tag!

JUDITH VONDERAU

AUF DEM SCHULWEG

Heute ist wieder Schule. Begleite du mich auf dem Weg dorthin, wenn ich
... zur Schule laufe.
... mit dem Fahrrad zur Schule fahre.
... mit dem Bus zur Schule fahre.
... mit dem Auto zur Schule gebracht werde.
Lass mich gut und sicher ankommen!

JUDITH VONDERAU

SEI BEI MEINEN ELTERN

Lieber Gott, pass heute bitte gut auf meine Eltern auf.
Sei bei ihnen, wenn sie unterwegs sind.
Sei bei ihnen, wenn sie zur arbeiten fahren.
Sei bei ihnen, wenn sie einkaufen gehen.
Sei bei ihnen auf allen Wegen, die sie heute zurücklegen.

JUDITH VONDERAU

FÜR ALLE, DIE UNTERWEGS SIND

Lieber Gott,
ich bitte dich für alle Menschen,
die jetzt unterwegs sind:
mit dem Auto oder dem Motorrad,
mit dem Bus oder der Straßenbahn,
mit dem Zug oder dem Flugzeug,
mit der U-Bahn oder dem Schiff,
mit dem Rad oder zu Fuß.
Beschütze sie vor allen Gefahren
und sei in jedem Augenblick bei ihnen!
Lass alle, Kinder und Erwachsene,
gesund wieder nach Hause kommen!
Amen.

JUDITH VONDERAU

WIR MACHEN EINEN AUSFLUG

Wir machen heute einen Ausflug. Das ist so toll! Ich habe mich schon lange auf diesen Tag gefreut. Beschütze uns heute und lass uns wieder gut und sicher nach Hause kommen.
Amen.

JUDITH VONDERAU

SEGNE ALLE MENSCHEN

Segne alle Menschen, denen ich heute begegne:
meine Eltern und Geschwister,
die Kinder in der Schule und meine Lehrerinnen und Lehrer,
meine Freundinnen und Freunde
und auch alle Menschen, von denen ich noch gar nicht weiß, dass ich sie treffen werde.
Lass mich selbst zum Segen für sie werden!
Amen.

JUDITH VONDERAU

SCHUTZENGELGEBETE

GEWISSHEIT

Deine unsichtbare Hand
trägt mich
Dein unsichtbares Ohr
hört mir zu
Dein unsichtbarer Mund
kennt gute Worte für mich
Unsichtbar bist du
und dennoch gibt es dich

LENA RAUBAUM

GEMEINSAM GEHT'S BESSER

Ich weiß, lieber Engel,
dass du auf mich aufpasst:
auf dem Schulweg, in der Schule,
auf dem Schulhof...
Ich will dir dabei helfen
und auch selbst
auf mich aufpassen.
Versprochen!
Gemeinsam geht's besser!

REINHARD ABELN

SPANNENDE ZEIT

Warum wird es nachts dunkel?
Wo gibt es wilde Löwen und Bären?
Warum regnet es?
Es gibt in der Schule so viel
Spannendes zu lernen.
Kannst du mir helfen, lieber Schutzengel,
dass ich im Unterricht
immer gut mitkomme
und mir das Lernen gut gelingt?

REINHARD ABELN

GLAUBLICH

Ich glaube an leise Helden
und Heldinnen, die nicht fliegen
Ich glaube, ich kann auch gewinnen
und muss dafür gar nicht siegen
Ich glaube an sanfte Trampeltiere
und Schnecken, die´s eilig haben
Ich glaube, so manches Schweigen
hat wirklich viel zu sagen

Ich glaube an dunkle Sterne
und auch an die hellen Nächte
Ich glaube, es gibt so viel mehr
als das Gute oder das Schlechte
Ich glaube an kleine Riesen
und Zwerge, die größer werden
und ich glaube, ich glaube sehr wohl
an den Himmel
den Himmel auf Erden

LENA RAUBAUM

GOTT SCHICKT SEINE ENGEL

Wer von Gott beschützt wird,
der kann sagen: „Gott, du bist wie eine Ritterburg, in der es sicher ist".
Und der weiß, dass man dann keine Angst mehr haben muss vor der Nacht,
und vor allem, was am Tag passieren kann.
Denn Gott schickt seine Engel, um auf dich aufzupassen.
Überall, wo du hingehst.
Gott will dich gern beschützen.
Amen.

JUDITH VONDERAU

AUF DEM SCHULWEG

Auf dem Weg zur Schule
bin ich sehr vorsichtig.
Ich achte gut darauf,
dass mich die Autofahrer sehen.
Lieber Engel, pass gut auf mich auf,
wenn ich über die Straße gehe!
Mit dir fühle ich mich sicher
und habe keine Angst.
Danke, dass du mein Schutzengel bist!

REINHARD ABELN

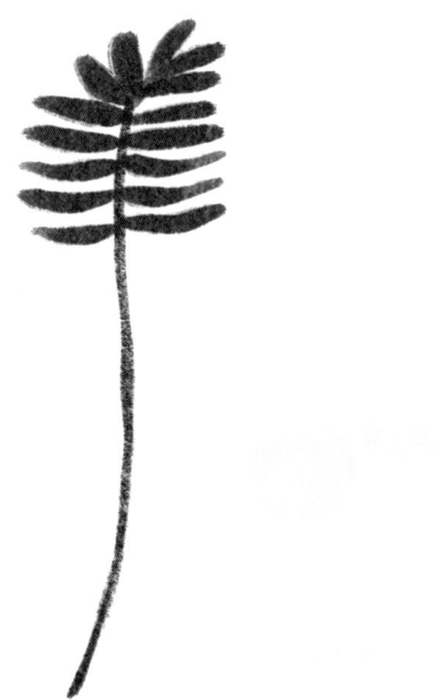

LIEBER SCHUTZENGEL

Lass mich heut nicht schneller laufen
als dich deine Flügel tragen
Lass mich unter deinem Schutze
sicher neue Wege wagen
Lass mich spüren deine Nähe
wenn mir heute fehlt mein Mut
Ich bin dankbar, dass du da bist
das zu wissen, tut mir gut

LENA RAUBAUM

ZU ALLEN GUT SEIN

Lieber Schutzengel,
ich will kein Kind
in der Schule auslachen.
Ich habe selbst schon erlebt,
wie weh das tun kann,
wenn man ausgelacht wird.
Ich nehme mir fest vor,
zu allen gut zu sein.
Guter Schutzengel, ich bin sicher,
dass du mir dabei hilfst.

REINHARD ABELN

FREUNDE FINDEN

Ich wünsche mir, lieber Engel,
dass ich in meiner Schulklasse
viele gute Freunde finde.
Ich will dafür sorgen,
dass wir uns gut verstehen
und fest zusammenhalten.
Mit guten Freunden wird es
in der Schule nie langweilig.

REINHARD ABELN

NACH EINEM STREIT

Manchmal gibt es Ärger und Streit. Dann ist es nicht immer leicht, sich wieder zu vertragen. Hilf uns, lieber Schutzengel, dass wir wieder aufeinander zugehen. Es ist nämlich viel schöner, wenn wir uns wieder vertragen!

JUDITH VONDERAU

GIB MIR EINEN SCHUBS

Hilf mir, lieber Engel,
dass ich in der Schule
aufmerksam und fleißig bin!
Gib mir einen Schubs,
wenn ich mitten im Unterricht
an das Schwimmbad denke
oder an den Fußballplatz!
Danke, dass du bei mir bist,
wenn ich dich brauche!

REINHARD ABELN

WENN ES ANSTRENGEND WIRD

Manchmal lernen wir in der Schule richtig schwierige Sachen. Dann muss ich mich anstrengen, um sie zu verstehen. Das ist nicht immer einfach. Bitte hilf mir, dass ich nicht gleich aufgebe, wenn ich etwas nicht verstehe oder nicht kann.

JUDITH VONDERAU

NACH DER SCHULE

Hilf mir, lieber Engel,
dass ich nach der Schule
sicher nach Hause komme!
Hilf mir, dass ich morgen
genauso gut und fröhlich
wieder zur Schule
gehen kann!
Nimm mich an die Hand!

REINHARD ABELN

ENGELSZEICHEN

Hilfe zur richtigen Zeit
ein Lächeln nach tiefer Traurigkeit
ein bunter Bogen am Himmelszelt
Schnee, der still zur Erde fällt

Worte, die zum Lachen bringen
Stimmen, die gemeinsam singen
ein Mensch, der dich von Herzen liebt
Zeichen, dass es Engel gibt

LENA RAUBAUM

GEBETE GEGEN ANGST,
TROSTGEBETE, SORGENGEBETE

DU BIST BEI UNS

Lieber Gott,
du bist mein allerbester Freund.
Auf dich kann ich mich verlassen.
Du bist bei mir, wenn ich traurig bin.
Du bist bei mir, wenn ich fröhlich bin.
Amen.

REINHARD ABELN

DU BIST IMMER BEI MIR

Wo ich gehe, wo ich stehe,
bist du, lieber Gott, bei mir.
Wenn ich dich auch niemals sehe,
weiß ich trotzdem: Du bist hier.
Amen.

QUELLE UNBEKANNT

WIR PASSEN GUT AUF DIE ERDE AUF

Gott, der Klimawandel macht die Erde kaputt. Viele Menschen verlieren ihr Zuhause und sind in Gefahr. Das macht mich traurig, denn ich möchte, dass alle gut auf der Erde leben können.
Bitte hilf uns, dass wir unsere Umwelt besser schützen und gut auf sie aufpassen.
Amen.

JUDITH VONDERAU

FÜR ANDERE DA SEIN

Jeden Tag treffe ich Menschen, denen es nicht gut geht. Ich möchte sie gerne trösten und für sie da sein.
Hilf mir, dass sich sehe, wer traurig aussieht.
Hilf mir, dass ich höre, wer gerade weint.
Hilf mir, dass ich in die Arme nehme, wer eine Umarmung braucht.

JUDITH VONDERAU

WENN ICH ANGST HABE, MACHST DU MIR MUT

Lieber Gott, auf der Welt passieren oft schlimme Dinge: Menschen werden krank und sterben, es gibt Naturkatastrophen und Menschen, die einander Böses antun. Wenn ich davon höre oder mir selbst etwas Schlimmes passiert, dann habe ich Angst. Ich möchte so gern, dass die Welt in Ordnung ist und es allen Menschen gut geht. Es fällt mir schwer, auszuhalten, dass es schlimme Dinge gibt. Gib du mir Mut, wenn ich Angst habe. Lass mich spüren, dass du immer bei mir bist, egal, was gerade passiert. Amen.

JUDITH VONDERAU

MEINE HOFFNUNG UND MEINE FREUDE

Meine Hoffnung und meine Freude,
meine Stärke, mein Licht:
Christus, meine Zuversicht.
Auf dich vertrau ich
und fürcht mich nicht.
Amen.

TAIZÉ

DU TRÖSTEST MICH

Lieber Gott, heute habe ich etwas sehr Trauriges erlebt. Ich verstehe nicht, warum es traurige Dinge gibt. Es wäre doch so schön, wenn immer alles gut wäre! Es wäre so schön, wenn es immer allen Menschen gut ginge und alle immer lachen könnten. Das wünsche ich mir!
Bitte hilf mir zu verstehen, dass es auch Trauriges im Leben gibt. Lass mich spüren, dass du auch bei mir bist, wenn es mir nicht gut geht. Ich weiß ja: Du bist immer bei mir. Du lachst mit mir, wenn es mir gut geht und du tröstest mich, wenn ich traurig bin. Danke, dass du immer da bist! Amen.

JUDITH VONDERAU

ICH KANN DIR VON MEINEN SORGEN ERZÄHLEN

Guter Gott, ich mache mir Sorgen um meine Eltern. Sie streiten sich so oft und ich habe Angst, dass sie sich nicht mehr lieb haben. Bitte gib meinen Eltern den Mut, immer wieder aufeinander zuzugehen und sich zu vertragen. Es ist viel schöner, wenn in unserer Familie alle gut miteinander auskommen. Amen.

JUDITH VONDERAU

SORGE FÜR DIE ERDE

Guter Gott, du hast uns die Erde geschenkt, damit wir hier leben können. Wir sollen gut auf sie aufpassen. Ich glaube, manche Menschen wissen das nicht oder es ist ihnen egal. Denn sie kümmern sich nicht genug um die Pflanzen, Tiere und Menschen. Das macht mir Angst, denn ich möchte, dass alle gut leben können. Bitte hilf uns allen, dass wir gut auf die Erde aufpassen. Amen.

JUDITH VONDERAU

FÜR ALLE, DIE TRAURIG SIND

Gott,
manchmal merke ich,
dass Menschen traurig sind.
Vielleicht haben sie Sorgen,
vielleicht sind sie in Not,
vielleicht sind sie krank.
Ich möchte gern mithelfen,
dass diese Menschen fröhlicher werden.
Gib mir ein paar Ideen,
wie ich das schaffen kann!
Wenn ich andere fröhlich mache,
bin ich selbst auch fröhlich.
Es ist schön, wenn wir zusammen fröhlich sein können.
Amen.

JUDITH VONDERAU

ZUVERSICHT

Wenn nach dem Weinen ein Lachen entsteht
und nach der Nacht die Sonne aufgeht
wenn nach dem Winter der Frühling singt
und in der Stille ein Lied erklingt
wenn nach dem Streit Versöhnung bleibt
und nach dem Schmerz die Wunde heilt
dann spür ich das, was mein Herz gut kennt
dann spür ich das, was sich Hoffnung nennt

LENA RAUBAUM

TRAURIGES IN MEINEM LEBEN

Gott, in meinem Leben passiert manchmal etwas Trauriges, das ich nicht verstehe.

Ich weiß nicht, warum schlimme Dinge passieren. Ich weiß nicht, warum Menschen und Tiere sterben müssen, ich weiß nicht, warum es Krankheiten gibt und ich weiß nicht, warum wir traurig sind und weinen müssen.

Es fühlt sich dann so an, als wärst du gar nicht da. Lass mich immer daran denken, dass du bei mir bist, auch wenn es sich gerade nicht so anfühlt.

Amen.

JUDITH VONDERAU

EIN ZUHAUSE FÜR ALLE MENSCHEN

Guter Gott, viele Kinder haben kein Zuhause mehr. Sie sind aus ihrer Heimat geflohen, weil sie dort nicht mehr leben können. Viele von ihnen wissen nicht, wie es für sie weitergeht.

Pass du gut auf alle Menschen auf, die kein Zuhause mehr haben.

Gib du ihnen Kraft und Mut.

Hilf uns, ihnen zu helfen, eine neue Heimat zu finden.

Amen.

JUDITH VONDERAU

FÜR FRIEDEN IN DER WELT

Lieber Gott, in der Welt gibt es immer wieder Krieg. Das ist schrecklich und macht mir Angst. Bitte hilf den Erwachsenen, dass sie sich wieder vertragen und Frieden schließen. Amen.

JUDITH VONDERAU

FÜR DIE VERSTORBENEN

Lieber Gott,
ich bitte dich für alle,
die gestorben sind:
Lass sie bei dir wohnen
in deinem Reich
und lass sie für immer
bei dir glücklich sein!
Gleichzeitig bitte ich dich
für alle, die nach dem Tod
eines lieben Menschen
verzweifelt und traurig sind:
Troste sie in ihrem Leid!
Amen.

REINHARD ABELN

DANKGEBETE, GLÜCKSGEBETE,
WUNSCHGEBETE

DANKE FÜR ALLES, WAS ICH HABE

Danke, Gott, für diesen Morgen, danke, dass du bei mir bist.
Danke für die guten Freunde und dass du mich nie vergisst.
Danke für die Zeit zum Spielen, für die Freude, die du schenkst,
und dass du an dunklen Tagen ganz besonders an mich denkst.
Amen.

QUELLE UNBEKANNT

DU HAST MICH LIEB

Du hast mich lieb.
Du magst mich.
Bei dir muss ich mich nicht verstellen.
Du findest mich toll – genau so, wie ich bin.
Das ist schön!

JUDITH VONDERAU

DANKE, DASS ES MICH GIBT

Ich bin ein Geschenk.
Ich bin ein Geschenk von dir, denn du hast mir das Leben geschenkt.
Ich gehöre aber nicht mir, denn ich kann mich gar nicht besitzen.
Ich bin ein Geschenk für andere.
Ich kann zum Geschenk für andere werden, wenn ich sie zum Lachen bringe,
wenn ich sie tröste oder wenn ich einfach für sie da bin.
Hilf mir, dass ich jeden Tag ein Geschenk für andere sein kann.
Danke, dass es mich gibt.

JUDITH VONDERAU

UNSER ZUHAUSE

Lieber Gott, ich wohne zu Hause bei Mama und Papa.
Ich bin sehr froh, dass ich meine Eltern habe.
Sie lieben mich.
Sie sorgen jeden Tag für mich.
Bleibe immer bei uns
und segne unsere Familie!
Amen.

REINHARD ABELN

DANKE FÜR MEINE FREUNDE

Lieber Gott, ich danke dir, dass ich Freunde habe. Wir spielen viel zusammen, lachen und haben Spaß. Wir können uns Geheimnisse anvertrauen und uns gegenseitig trösten, wenn wir mal traurig sind.
Danke für meine Freunde!
Amen.

JUDITH VONDERAU

DANKE FÜR ALLES GUTE

Guter Gott, mir geht es so gut. Und dafür möchte ich dir Danke sagen!
Ich habe alles, was ich zum Leben brauche – und noch viel mehr!
Ich habe eine liebevolle Familie und gute Freunde,
ich habe ein schönes Zuhause und viele Spielsachen,
wir haben genug Geld und leben in einem Land, in dem gut für uns gesorgt ist.
Ich kann zur Schule gehen und dort viel lernen.
Es gibt Ärzte und Krankenhäuser, damit wir gesund werden,
und es gibt die Polizei und Feuerwehr, die uns beschützt und rettet.
Danke, dass du mich so reich beschenkt hast! Amen.

JUDITH VONDERAU

AUGEN, OHREN, HÄNDE

Schenk mir Augen, die jeden Tag etwas Schönes sehen.
Schenk mir Ohren, die jeden Tag liebe Worte hören.
Schenk mir Hände, die jeden Tag mit anpacken und helfen.

JUDITH VONDERAU

TISCHGEBETE –
VOR DEM ESSEN

ALLE GUTEN GABEN

Alle guten Gaben, alles, was wir haben,
kommt, oh Gott, von dir, wir danken dir dafür!
Amen.

ÜBERLIEFERT

DANKE FÜR DAS GUTE ESSEN

Lieber Gott, wir danken dir,
für das gute Essen hier.
Amen.

ÜBERLIEFERT

GEMEINSAM ESSEN IST SCHÖN

Für mich und für dich ist der Tisch gedeckt.
Hab' Dank, lieber Gott, dass es uns gut schmeckt.
Amen.

ÜBERLIEFERT

WIR LADEN JESUS ZUM ESSEN EIN

Komm, Herr Jesus,
sei unser Gast,
und segne, was du uns bescheret hast.
Amen.

ÜBERLIEFERT

JEDES TIERLEIN HAT SEIN ESSEN

Jedes Tierlein hat sein Essen, jedes Blümlein trinkt von dir.
Hast auch uns heut nicht vergessen, guter Gott, wir danken dir.
Amen.

ÜBERLIEFERT

DANKE FÜR SPEISE UND TRANK

Dir sei, o Gott, für Speis und Trank,
für alles Gute Lob und Dank.
Du gabst, du willst auch künftig geben,
dich preise unser ganzes Leben.
Amen.

ÜBERLIEFERT

MEIN LIEBLINGSESSEN

Lieber Gott,
heute gibt es mein Lieblingsessen.
Darauf habe ich mich schon den ganzen Tag gefreut.
Danke, dass es mir so gut schmeckt!
Amen.

JUDITH VONDERAU

ESSEN MIT FREUNDEN UND FREUNDINNEN

Lieber Gott,
heute sind meine Freunde und Freundinnen zu Besuch. Wir essen zusammen.
Danke für die schöne Zeit, die wir zusammen haben.
Danke für das gute Essen, das wir jetzt zusammen genießen können.
Amen.

JUDITH VONDERAU

WIR GEBEN UNS DIE HÄNDE

Lieber Gott!
Wir geben uns die Hände,
dann bist du uns ganz nah.
Wir freuen uns auf Suppe und Brot,
auf Nudeln und Fleisch,
auf Gemüse und Salat
und auf ein Stück Schokolade!
Wir sagen dir jetzt Danke,
denn alles ist dein Geschenk.
Amen.

REINHARD ABELN

VIELE HELFEN MIT

Lieber Gott,
wir haben Hunger
und wollen zusammen essen.
Viele Menschen haben geholfen,
damit so leckere Sachen
auf unserem Tisch stehen:
der Bauer und die Gärtnerin,
der Kaufmann und die Verkäuferin,
der Metzger und die Bäckerin
und noch viele andere Leute.
Wir wollen ihnen danken.
Vor allem aber
danken wir dir.
Du hilfst den Menschen,
dass sie füreinander sorgen.
Amen.

REINHARD ABELN

JESUS ISST MIT UNS

Jesus,
du hast oft mit deinen Freunden und
Freundinnen zusammen gegessen.
Ihr habt euch unterhalten und hattet eine gute Gemeinschaft.
Wenn wir jetzt zusammen essen, ist es genauso:
Du bist bei uns, auch wenn wir dich nicht sehen können.
Es ist schön, dass du zusammen mit uns isst
und wir Gemeinschaft mit dir erleben dürfen.
Amen.

JUDITH VONDERAU

TISCHGEBETE –
NACH DEM ESSEN

GUTER VATER, DER UNS LIEBT

Guter Vater,
wir wollen nach dem Essen
das Danken nicht vergessen.
Du bist es, der uns alles gibt,
du, guter Vater, der uns liebt.
Amen.

REINHARD ABELN

WIR BRAUCHEN MEHR ZUM LEBEN

Guter Gott,
täglich stillst du unseren Hunger.
Das macht uns glücklich und froh.
Doch wir brauchen noch mehr
als Essen und Trinken.
Wir brauchen Menschen,
die uns ein gutes Wort sagen,
die uns wieder verzeihen,
wenn wir einen Fehler gemacht haben.
Ganz besonders aber brauchen wir dich:
deine Güte und Liebe,
deine Sorge und Führung,
deine Vergebung und Barmherzigkeit.
Bitte, gib uns alles,
was wir zum Leben brauchen!
Amen.

REINHARD ABELN

MIT ANDEREN TEILEN

Lieber Gott,
wir danken dir, dass wir jeden Tag satt werden.
In vielen Ländern haben die Menschen nicht genug zu essen.
Auch bei uns werden nicht immer alle Menschen satt.
Wer nicht genug zu essen hat, wird krank und stirbt vielleicht.
Guter Gott, wir wollen lernen zu teilen, was wir haben.
Wir wollen überlegen, wie wir anderen helfen können.
Bitte, hilf uns dabei!
Amen.

JUDITH VONDERAU

DANKE FÜR DAS LECKERE ESSEN

Lieber Gott,
es gab leckeres Essen und wir sind alle satt.
Danke, dass es uns so gut geht und wir so gutes Essen genießen durften.
Amen.

JUDITH VONDERAU

DANKE FÜR UNSERE GEMEINSCHAFT

Lieber Gott,
wir haben zusammen gegessen und sind jetzt alle satt.
Danke für das gute Essen,
für unsere Gespräche,
für das Lachen,
für die gute Stimmung,
für das Zusammensein
und für unsere Gemeinschaft.
Amen.

JUDITH VONDERAU

GEBETE FÜR

ELTERN, GROSSELTERN, GESCHWISTER UND FREUNDE

FÜR MEINE ELTERN

Lieber Gott,
du hast mir
meine Eltern gegeben.
Sie sorgen für mich und helfen mir.
Sie machen mir immer wieder Mut.
Ich bitte dich: Pass gut auf sie auf!
Schenke ihnen Freude und Kraft!
Steh ihnen zur Seite,
wenn sie Sorgen haben!
Hilf uns, dass wir uns gut verstehen!
Halte deine schützende Hand über uns
und lass uns alle zusammen
zu dir finden!
Amen.

JUDITH VONDERAU

DANKE FÜR MEINE ELTERN

Für meine Eltern dank ich dir,
beschütze, guter Gott, sie mir!
Begleite sie auf allen Wegen
mit deinem liebevollen Segen!

VOLKSGUT

SO VIELE VERSCHIEDENE FAMILIEN

Es gibt so viele unterschiedliche Familien.
Manche Familien sind groß, manche klein.
Manche Kinder haben Mama und Papa, andere haben nur eine Mama oder nur einen Papa.
Und dann gibt es auch Familien mit zwei Mamas oder zwei Papas.
Manche Kinder leben bei ihren Großeltern, manche bei Tante und Onkel.
Und manche Kinder leben gar nicht mit ihrer Familie zusammen.
Lieber Gott, danke, dass es so viele Menschen gibt, die sich liebevoll um Kinder kümmern und für sie da sind.

JUDITH VONDERAU

DANKE FÜR MEINE FAMILIE

Ich möchte dir etwas sagen, lieber Gott: Danke für meine Familie! Danke, dass es diese Menschen gibt, die mich lieb haben und immer für mich da sind. Manchmal streiten wir und ärgern uns. Aber eigentlich haben wir uns lieb und das ist schön.

JUDITH VONDERAU

FÜR MEINE GESCHWISTER

Lieber Gott, ich bin froh,
dass ich Geschwister habe.
Du weißt, dass wir uns oft streiten.
Dann sind wir gehässig
und beschimpfen uns
mit bösen Worten.
Aber immer wieder vertragen wir uns.
Wenn es darauf ankommt,
halten wir ganz fest zusammen.
Wir helfen uns gegenseitig,
besonders bei den Hausaufgaben,
bauen zusammen eine Höhle,
toben nach Lust und Laune.
Hab Dank für meine Geschwister!
Bitte, segne und begleite uns
an jedem Tag!
Amen.

REINHARD ABELN

FÜR MEINE GROSSELTERN

Ich danke dir für meine Großeltern, guter Gott.
Sie haben mich lieb
und kümmern sich oft um mich.
Sie helfen in unserer Familie mit,
wenn meine Eltern wenig Zeit haben.
Sie sind immer für mich da,
wenn ich sie brauche.
Bitte, segne Oma und Opa!
Zeig ihnen, dass du sie lieb hast
und immer bei ihnen bist!
Amen.

JUDITH VONDERAU

FREMDE FREUNDE

Manche Kinder sehen ganz anders aus als ich. Und sie sprechen eine andere Sprache, die ich nicht verstehe. Sie kommen mir sehr fremd vor. Das macht mir sogar ein bisschen Angst.
Wir scheinen sehr verschieden zu sein und trotzdem haben wir auch etwas gemeinsam: Wir können zusammen spielen und lachen. Das macht Spaß!
Da ist es ganz egal, dass wir unterschiedlich aussehen und verschiedene Sprachen sprechen. Danke, dass Fremde zu Freunden werden können!

JUDITH VONDERAU

FÜR MEINE FREUNDE

Lieber Gott,
ich habe gute Freunde.
Wir machen vieles miteinander.
Meine Freunde interessieren sich für Dinge,
die auch mich interessieren.
Nachmittags und am Wochenende
sind wir immer zusammen.
Lieber Gott,
ich mag meine Freunde.
Es ist wunderbar,
jemanden zu haben,
auf den ich mich verlassen kann.
Lass uns immer Freunde bleiben!
Bitte, hilf uns dabei!
Amen.

JUDITH VONDERAU

VERSÖHNUNGSGEBETE

MUT ZUM VERTRAGEN

Heute gab es Zank und Streit,
lieber Gott, es tut mir leid.
Gib uns zum Vertragen Mut,
dann wird alles wieder gut.
Amen.

QUELLE UNBEKANNT

STREIT UNTER GESCHWISTERN

Manchmal streite ich mich mit meinen Geschwistern.
Wir streiten um Spielsachen, Süßigkeiten oder etwas anderes, das jeder und jede gerne für sich haben möchte.
Ich denke immer, dass ich Recht habe und will mich durchsetzen.
Meine Geschwister denken auch, dass sie Recht haben.
Lieber Gott, so kommen wir nicht weiter. Hilf uns, dass wir eine gute Lösung für unseren Streit finden.

JUDITH VONDERAU

STREIT MIT DEN ELTERN

Ich finde meine Eltern richtig doof, wenn sie mir etwas verbieten. Dann bin ich wütend, schimpfe und schreie. Es ist dann gar nicht leicht, gut miteinander auszukommen.
Hilf uns, dass wir uns besser verstehen und dass wir uns sagen können, was wir brauchen. Amen.

JUDITH VONDERAU

VERSÖHNUNG

Mit der Freundin gab es Streit,
die Versöhnung scheint so weit.
Wir wollen uns ganz schnell vertragen
und nicht mehr mit Sorgen plagen.

JUDITH VONDERAU

VERTRAGEN TUT GUT

Nach einem Streit bin ich traurig und unglücklich.
Ich wünsche mir, dass alles wieder gut wird.
Lass uns aufeinander zugehen und uns wieder vertragen.
Amen.

JUDITH VONDERAU

HILFE ZUR VERSÖHNUNG

Es gibt großen und kleinen Streit,
langen und kurzen Streit.
Mancher Streit ist schnell beigelegt,
bei anderem ist das viel schwieriger.
Da weiß ich einfach nicht, wie wir uns wieder vertragen können.
Alles scheint so aussichtslos.
Hilf uns, Lösungen zu finden, damit wir wieder gut miteinander auskommen.
Amen.

JUDITH VONDERAU

GEBETE FÜR EINEN SCHÖNEN TAG,

GEBETE VOM REGEN UND SONNENSCHEIN

ES IST SCHÖN AUF DEINER WELT

Alles hast du geschaffen, lieber Gott:
den Himmel und die Berge,
die Wiesen und die Wälder,
die Füchse und die Rehe,
die Vögel und die Schmetterlinge.
Es ist schön auf deiner Welt!
Amen.

REINHARD ABELN

ALLTAG

Heute ist ein ganz gewöhnlicher Tag. Ein Tag mit allem, was zu meinem Alltag gehört.
Heute ist ein Tag mit dir, Gott.
Heute ist ein guter Tag. Ein Tag mit guten Gefühlen und guten Gedanken.
Heute ist ein Tag mit dir, Gott.
Heute ist ein schwerer Tag. Ein Tag mit schweren Sorgen und mit Angst.
Heute ist ein Tag mit dir, Gott.
Heute ist ein schöner Tag. Ein Tag mit schönen Überraschungen und Begegnungen.
Heute ist ein Tag mit dir, Gott.

JUDITH VONDERAU

DAS RICHTIGE WETTER

Lieber Gott, es gibt Sonne, Regen, Wolken, Nebel, Schnee und Wind. Das Wetter kann so unterschiedlich sein! Lass mich immer eine gute Idee haben, was ich bei jedem Wetter unternehmen kann.
Lass mich ans Schlittenfahren denken, wenn Schnee liegt;
ans Freibad, wenn es heiß ist;
und ans Drachensteigen, wenn der Wind kräftig pustet.
Amen.

JUDITH VONDERAU

EIN SCHÖNER TAG

Ich wünsch mir einen schönen Tag, mit allem, was da kommen mag.
Mit lieben Menschen, ganz viel Lachen und Dingen, die mir Freude machen.

JUDITH VONDERAU

DU GEHST MIT MIR

Heute ist ein neuer Tag. Was er mir wohl bringen mag?
Ich kann nicht in die Zukunft sehn. Doch ich weiß: Du wirst mit mir gehn!

JUDITH VONDERAU

DIE NATUR GENIESSEN

Lieber Gott,
die Natur ist so schön!
Es tut mir so gut, draußen zu sein.
Ich mag es so gern, wenn
die Vögel zwitschern,
die Rosen duften,
ich sehe, wie der Wind die Wellen an den Strand pustet
und nachts die Sterne am Himmel leuchten.
Bitte hilf uns, dass wir gut auf die Natur aufpassen.
Hilf uns, dass wir gut mit ihr umgehen und sie beschützen,
damit sie immer so schön bleibt.

JUDITH VONDERAU

FERIENGEBETE UND REISESEGEN

FERIEN

Schenk uns eine schöne Zeit zu Hause mit vielen Spielen und Ideen, mit Ausflügen und mit lieben Menschen. Amen.

JUDITH VONDERAU

WIR FAHREN IN DEN URLAUB

Wir fahren in den Urlaub, lieber Gott!
Ich freue mich aufs Meer und den Strand;
aufs Eisessen und Spielen;
auf die Zeit mit meiner Familie und alles Neue, was es zu entdecken gibt!
Sei du auch im Urlaub bei uns und pass gut auf uns auf!
Amen.

JUDITH VONDERAU

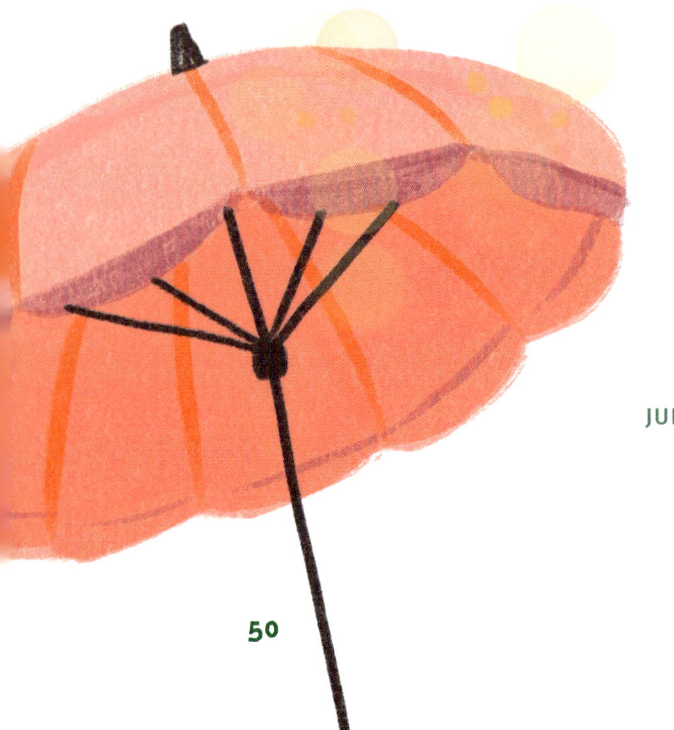

FÜR EINE GUTE REISE

Es ist Ferienzeit. Meine Freunde, Verwandten und Bekannten verreisen. Sie sind mit dem Auto, mit dem Flugzeug oder mit dem Zug unterwegs. Begleite du sie auf ihrer Reise und lass sie wieder gut nach Hause kommen. Amen.

JUDITH VONDERAU

GOTT IST IMMER BEI UNS

Gott ist immer bei uns. Ganz egal, wo wir hingehen.
Gott ist bei uns, wenn wir zu Hause sind,
Gott ist bei uns im Kindergarten und in der Schule,
Gott ist bei uns im Turnverein und in der
Musikschule und Gott ist bei uns, wenn wir
in den Urlaub fahren. Gott ist immer bei uns.

JUDITH VONDERAU

IM URLAUB IST ALLES ANDERS

Wir sind im Urlaub, Gott! Hier ist alles anders als zu Hause: Es sieht anders aus, die Menschen sprechen eine andere Sprache und auch das Essen schmeckt anders. Daran muss ich mich erst gewöhnen! Hilf mir, dass mir bald alles vertraut ist und ich mich an dem neuen Ort wohlfühlen kann. Amen.

JUDITH VONDERAU

GOTT IST IMMER DA

Lieber Gott, ich fahre mit meiner Familie in den Urlaub. Wir sind dann für eine Weile nicht zu Hause. Unsere Wohnung ist ganz leer, weil niemand da ist. Wenn meine Freunde mich besuchen wollen, treffen sie mich nicht. Denn keiner ist zu Hause.

Du fährst nie in den Urlaub, deshalb können wir dich immer treffen. Du bist immer da, das ist schön.

JUDITH VONDERAU

SCHENK UNS DEINEN SEGEN

Schenk uns deinen Segen, wenn wir heute unterwegs sind.
Schenk uns deinen Segen, wenn wir in den Urlaub fahren.
Schenk uns deinen Segen an unserem Urlaubsort.
Schenk uns deinen Segen, wenn wir wieder nach Hause fahren.

JUDITH VONDERAU

GEBETE BEI KRANKHEIT

GESUNDHEIT IST EIN GESCHENK

Lieber Gott,
viele Menschen meinen,
dass Gesundheit
etwas Selbstverständliches ist.
Das ist nicht richtig.
Jetzt, da ich krank bin,
merke ich, wie schön es ist,
gesund zu sein.
Ich muss täglich daran denken:
Gesundheit ist so wertvoll.
Sie ist ein Geschenk von dir.
Danke für dieses Geschenk!
Amen.

REINHARD ABELN

DU BIST FÜR MICH DA, WENN ICH KRANK BIN

Lieber Gott, heute bin ich krank und es geht mir nicht gut. Ich muss im Bett liegen und viel ausruhen. Dabei würde ich so gerne aufstehen und spielen! Es tut gut zu wissen, dass du bei mir bist, wenn es mir nicht gut geht. Amen.

JUDITH VONDERAU

MAMA UND PAPA KÜMMERN SICH UM MICH

Lieber Gott, immer wenn ich krank bin, kümmern sich Mama und Papa ganz lieb um mich. Sie sitzen an meinem Bett, lesen mir Geschichten vor und kochen mir Tee. Kranksein ist nicht schön, aber wenn ich so liebevoll umsorgt werde, tut das richtig gut. Danke, dass meine Eltern so gut für mich sorgen!

JUDITH VONDERAU

KRANK SEIN IST DOOF

Guter Gott, ich finde es richtig doof, dass ich krank bin. Ich will so gern meine Freunde treffen und mit ihnen spielen. Aber jetzt muss ich im Bett bleiben und viel ausruhen. Das macht mich richtig wütend und ungeduldig. Bitte hilf mir, das Kranksein besser zu ertragen. Amen.

JUDITH VONDERAU

FÜR MEINE KRANKE OMA

Lieber Gott, meine Oma ist im Krankenhaus. Sie ist sehr krank. Ich bin so traurig und habe Angst um sie. Ich bin froh, dass ich sie besuchen und bei ihr sein kann. Danke, dass du immer bei uns bist und meiner Oma und mir Kraft gibst. Amen.

JUDITH VONDERAU

ABEND- UND NACHTGEBETE

EIN TAG GEHT ZU ENDE

Lieber Gott,
es ist schon sehr spät.
In den Häusern sehe ich
viele helle Lichter.
Auf der Straße ist es still geworden.
Ich danke dir für alles,
was ich heute erlebt habe.
Schenke mir eine gute Nacht
und meinen Eltern
und Geschwistern auch!
Beschütze alle Menschen,
die jetzt nicht schlafen können!
Lass sie spuren,
dass du bei ihnen bist!
Amen.

REINHARD ABELN

DANKE FÜR DEN SCHÖNEN TAG

So ein schöner Tag war heute,
lieber Gott, und so viel Freude
hat er wieder mir gebracht.
Dankbar sag ich: Gute Nacht!
Amen.

QUELLE UNBEKANNT

VIEL ERLEBT

Heute ist so viel passiert:
Ich hab‘ gelacht, geweint,
gespielt, genascht und gebastelt.
Nach so einem Tag bin ich müde
und sage Dir, Gott, Danke für alles
und ich weiß, dass Du auf mich
gut aufpasst!
Amen.

JUDITH VONDERAU

DU PASST NACHTS GUT AUF MICH AUF

Jeden Tag und jede Nacht
hältst du, Gott, über allem Wacht.
Ohne Angst schlaf ich nun ein,
ich weiß ja, du wirst bei mir sein.
Amen.

JULIA KOTTAL

DU TRÖSTEST MICH

Lieber Gott,
es ist Schlafenszeit. Ich habe mich so richtig gemütlich in mein Bett eingekuschelt. Jetzt möchte ich gerne schlafen.
Vielleicht habe ich heute Nacht einen schlimmen Traum und habe Angst.
Dann weiß ich, dass du da bist und ich mich nicht mehr fürchten muss.
Amen.

JUDITH VONDERAU

GUTE NACHT, LIEBER GOTT

Lieber Gott,
es ist wieder Abend.
Der Mond und zahllose Sterne
leuchten am schwarzen Himmel.
Ich bin müde und mache jetzt das Licht aus.
Es war heute ein guter Tag.
Ich habe viel Schönes erlebt:
zu Hause, auf dem Spielplatz,
beim Einkaufen, auf der Straße.
Alle waren gut zu mir.
Ich bitte dich, lieber Gott:
Schenk mir noch viele solcher Tage!
Amen.

REINHARD ABELN

DU BIST MIR IMMER NAH

Lieber Gott, ich weiß,
dass die Sonne nicht schläft,
auch wenn sie jetzt untergeht.
Genauso ist es bei dir:
Du schläfst nicht,
auch wenn ich dich
jetzt nicht sehe.
Du passt jede Nacht auf,
wenn Blumen und Tiere
und Menschen schlafen.
Du bist mir immer nah.
Dafür danke ich dir,
lieber Gott.
Amen.

REINHARD ABELN

BLEIBE BEI MIR

Lieber Vater, ich danke dir,
bleib auch diese Nacht bei mir!
Amen.

ÜBERLIEFERT

DANKE FÜR MEIN BETT

Lieber Gott, ich bin so froh,
dass ich so ein schönes Bett habe.
Darin ist es gemütlich.
Ich kuschle mich unter meine Decke
und schlafe gleich ein.
Danke für mein Bett
und gute Nacht, lieber Gott!
Amen.

REINHARD ABELN

VIELE ARBEITEN IN DER NACHT

Lieber Gott, ich weiß,
dass heute Nacht viele Menschen
nicht schlafen können, weil sie arbeiten müssen:
Menschen bei der Eisenbahn,
bei der Post,
bei der Zeitung,
bei der Feuerwehr,
bei der Polizei …
Diese Menschen sorgen für uns,
damit wir alle gut leben können.
Bitte, lieber Gott, behüte und segne sie!
Amen.

REINHARD ABELN

IN GOTTES HAND

So, wie ich mich jetzt in mein Kissen kuschele, so möchte ich mich heute Nacht in deine Hand kuscheln, lieber Gott. Lass mich gut schlafen und was Schönes träumen. Pass auch auf meine Eltern, Geschwister und Freunde in dieser Nacht auf. Amen.

PIA BIEHL

WEISST DU, WIE VIEL STERNLEIN STEHEN

Weißt du, wie viel Sternlein stehen
an dem blauen Himmelszelt?
Weißt du, wie viel Wolken gehen
weithin über alle Welt?
Gott, der Herr, hat sie gezählet,
dass ihm auch nicht eines fehlet
an der ganzen großen Zahl.
Weißt du, wie viel Kinder
frühe steh´n aus ihrem Bettlein auf,
dass sie ohne Sorg´und Mühe
fröhlich sind im Tageslauf?
Gott im Himmel hat an allen
seine Lust, sein Wohlgefallen,
kennt auch dich und hat dich lieb.

WILHELM HEY

SCHON GLÄNZT DER GOLD'NE ABENDSTERN

Schon glänzt der gold'ne Abendstern.
Gut Nacht, ihr Lieben, nah und fern,
schlaft ein in Gottes Frieden!
Die Blume schließt die Äuglein zu,
der kleine Vogel geht zur Ruh,
bald schlummern alle Müden.
Du aber schläfst und schlummerst nicht,
du treuer Gott im Sternenlicht,
dir will ich mich vertrauen.
O hab auf mich, dein Kindlein, Acht!
Lass mich nach einer guten Nacht
die Sonne fröhlich schauen.

ÜBERLIEFERT

KLASSISCHE GEBETE

GEBETE DER HEILIGEN MESSE

Die Gebete in diesem Kapitel haben die gleiche Reihenfolge, wie sie auch in der Heiligen Messe vorkommen. Hast du schon mal eine Messfeier besucht? Dann kommt dir vielleicht das ein oder andere Gebet bekannt vor! Vielleicht hast du auch Lust, mal eine Messe zu besuchen und zu schauen, welche Gebete du wiedererkennst.

KREUZZEICHEN

Das Kreuzzeichen ist eine Segensform, die uns an Gott erinnern soll. Du kannst dein Gebet mit einem Kreuzzeichen beginnen und beenden. Wenn du eine Kirche betrittst oder verlässt, kannst du Weihwasser nehmen und damit ein Kreuzzeichen machen. Das Weihwasser ist eine Erinnerung an dein Taufwasser.
Um ein Kreuzzeichen zu machen, führst du die (rechte) Hand von der Stirn zur Brust und anschließend von der linken zur rechten Schulter.

Im Namen des Vaters und des Sohnes und des Heiligen Geistes. Amen.

ALLGEMEINES SCHULDBEKENNTNIS

Jeder Mensch tut mal etwas Schlechtes – manchmal aus Versehen und manchmal auch mit voller Absicht. Bestimmt kennst du das. Vielleicht hast du deiner Schwester schon mal ihre Gummibärchen stibitzt oder deinem Bruder ein Spielzeug weggenommen. Das Schuldbekenntnis soll uns helfen, darüber nachzudenken, wann wir mit Absicht etwas Schlechtes getan haben – und dann auch dazu zu stehen und es ehrlich zuzugeben.

Ich bekenne Gott, dem Allmächtigen,
und allen Brüdern und Schwestern,
dass ich Gutes unterlassen und Böses getan habe.

Ich habe gesündigt in Gedanken, Worten und Werken
durch meine Schuld, durch meine Schuld,
durch meine große Schuld.

Darum bitte ich die selige Jungfrau Maria,
alle Engel und Heiligen
und euch, Brüder und Schwestern,
für mich zu beten bei Gott, unserem Herrn.

KYRIE – HERR, ERBARME DICH

„Kyrios" heißt „Herr"; „Kyrie" ist die Anredeform, also etwa „Du, Herr". Gemeint ist Jesus. Er wird hier mit einer besonderen Anrede angesprochen. „Erbarme dich unser" bedeutet „hilf uns".

Herr, erbarme dich unser.
Christus, erbarme dich unser.
Herr, erbarme dich unser.

GLORIA – EHRE SEI GOTT IN DER HÖHE (DER GROSSE LOBPREIS)

„Gloria“ bedeutet „Ehre, Ruhm, Preis“. Und darum geht’s auch in diesem Gebet: Gott wird gelobt. Vielleicht hast du schon mal erlebt, dass dieser Text gesungen wird. Dadurch wirkt er noch feierlicher.

Ehre sei Gott in der Höhe
und Friede auf Erden den Menschen seiner Gnade.

Wir loben dich,
wir preisen dich,
wir beten dich an,
wir rühmen dich und danken dir,
denn groß ist deine Herrlichkeit:
Herr und Gott, König des Himmels,
Gott und Vater, Herrscher über das All,
Herr, eingeborener Sohn, Jesus Christus.

Herr und Gott, Lamm Gottes, Sohn des Vaters,
du nimmst hinweg die Sünde der Welt:
erbarme dich unser;
du nimmst hinweg die Sünde der Welt:
nimm an unser Gebet;
du sitzest zur Rechten des Vaters:
erbarme dich unser.

Denn du allein bist der Heilige,
du allein der Herr,
du allein der Höchste:
Jesus Christus,
mit dem Heiligen Geist,
zur Ehre Gottes des Vaters.
Amen.

APOSTOLISCHES GLAUBENSBEKENNTNIS

Das Apostolische Glaubensbekenntnis ist ungefähr 1700 Jahre alt. Hier werden die wesentlichen Inhalte des Glaubens ausgedrückt: Es geht um Gott, Jesus, Maria, den Himmel und noch viel mehr. Was kommt dir schon bekannt vor?

Ich glaube an Gott, den Vater den Allmächtigen,
den Schöpfer des Himmels und der Erde,
und an Jesus Christus, seinen eingeborenen Sohn, unsern Herrn,
empfangen durch den Heiligen Geist,

geboren von der Jungfrau Maria,
gelitten unter Pontius Pilatus,
gekreuzigt, gestorben und begraben,
hinabgestiegen in das Reich des Todes,
am dritten Tage auferstanden von den Toten,
aufgefahren in den Himmel;
er sitzt zur Rechten Gottes, des allmächtigen Vaters;
von dort wird er kommen, zu richten die Lebenden und die Toten.

Ich glaube an den Heiligen Geist,
die heilige katholische Kirche,
Gemeinschaft der Heiligen,
Vergebung der Sünden,
Auferstehung der Toten
und das ewige Leben.
Amen.

SANCTUS – HEILIG

„Sanctus" bedeutet „heilig". Dieses Gebet will sagen, wie groß und wunderbar Gott ist. Es kann gesprochen oder gesungen werden. Der Text ist schon sehr alt und steht so ähnlich in der Bibel, nämlich im Buch des Propheten Jesaja (Jesaja 6,3).

Heilig, heilig, heilig,
Gott, Herr aller Mächte und Gewalten.
Erfüllt sind Himmel und Erde von deiner Herrlichkeit.
Hosanna in der Höhe.
Hochgelobt sei, der da kommt im Namen des Herrn.
Hosanna in der Höhe.

VATER UNSER

Im „Vater unser" wird Gott als Vater angesprochen. Vielleicht sagst du ja lieber Papa oder Papi? Dieses Gebet hat Jesus den Menschen beigebracht, als sie ihn gefragt haben, wie sie beten können. Es ist also schon fast 2000 Jahre alt und ein weit verbreitetes und sehr bekanntes Gebet. Ganz viele Menschen in sehr vielen Ländern beten es jeden Tag.

Vater unser im Himmel,
geheiligt werde dein Name.
Dein Reich komme.
Dein Wille geschehe,
wie im Himmel so auf Erden.
Unser tägliches Brot gib uns heute.
Und vergib uns unsere Schuld,
wie auch wir vergeben unsern Schuldigern.
Und führe uns nicht in Versuchung,
sondern erlöse uns von dem Bösen.
Amen.

LAMM GOTTES

Ein Gebet über Schafe?
In diesem Gebet geht es um ein ganz bestimmtes Schaf. Mit „Lamm Gottes" ist Jesus gemeint. Dieser Name stammt aus der Bibel, denn Johannes der Täufer nennt Jesus so.

Lamm Gottes, du nimmst hinweg die Sünde der Welt: Erbarme dich unser.
Lamm Gottes, du nimmst hinweg die Sünde der Welt: Erbarme dich unser.
Lamm Gottes, du nimmst hinweg die Sünde der Welt: Gib uns deinen Frieden.

GOTT LOBEN UND PREISEN

„Gott loben und preisen" heißt „Gott feiern". Menschen machen immer wieder die Erfahrung, dass Gott gut ist und sie sehr lieb hat. Deshalb jubeln sie ihm zu und feiern ihn mit ihren Gebeten.

EHRE SEI DEM VATER – DER KLEINE LOBPREIS

Ehre sei dem Vater und dem Sohn und dem Heiligen Geist, wie im Anfang so auch jetzt und alle Zeit und in Ewigkeit. Amen.

TE DEUM – DICH, GOTT, LOBEN WIR

Dich, Gott, loben wir,
dich, Herr, preisen wir.
Dir, dem ewigen Vater,
huldigt das Erdenrund.
Dir rufen die Engel alle,
dir Himmel und Mächte insgesamt,
die Kerubim dir und die Serafim,
mit niemals endender Stimme zu:
Heilig, heilig, heilig
der Herr, der Gott der Scharen!
Voll sind Himmel und Erde
von deiner hohen Herrlichkeit.
Dich preist der glorreiche Chor der Apostel;
dich der Propheten lobwürdige Zahl;
dich der Märtyrer leuchtendes Heer;
dich preist über das Erdenrund
die heilige Kirche;
dich, den Vater unermessbarer Majestät;
deinen wahren und einzigen Sohn;
und den Heiligen Fürsprecher Geist.
Du König der Herrlichkeit, Christus.
Du bist des Vaters allewiger Sohn.
Du hast der Jungfrau Schoß nicht verschmäht,
bist Mensch geworden,
den Menschen zu befreien.
Du hast bezwungen des Todes Stachel
und denen, die glauben,
die Reiche der Himmel aufgetan.
Du sitzest zur Rechten Gottes
in deines Vaters Herrlichkeit.
Als Richter, so glauben wir,
kehrst du einst wieder.

Dich bitten wir denn,
komm deinen Dienern zu Hilfe,
die du erlöst mit kostbarem Blut.
In der ewigen Herrlichkeit
zähle uns deinen Heiligen zu.
Rette dein Volk, o Herr,
und segne dein Erbe;
und führe sie
und erhebe sie bis in Ewigkeit.
An jedem Tag benedeien wir dich
und loben in Ewigkeit deinen Namen,
ja, in der ewigen Ewigkeit.
In Gnaden wollest du, Herr,
an diesem Tag uns ohne Schuld bewahren.
Erbarme dich unser, o Herr,
erbarme dich unser.
Lass über uns dein Erbarmen geschehn,
wie wir gehofft auf dich.
Auf dich, o Herr,
habe ich meine Hoffnung gesetzt.
In Ewigkeit werde ich nicht zuschanden.

CHRISTUSGEBET

Sei gepriesen, Herr Jesus Christus, Sohn des lebendigen Gottes.
Du bist der Erlöser der Welt, unser Herr und Heiland.
Komm, Herr Jesus, und steh uns bei, dass wir alle Zeit mit dir leben und in das Reich deines Vaters gelangen.
Amen.

ANIMA CHRISTI – SEELE CHRISTI

Seele Christi, heilige mich!
Leib Christi, rette mich!
Blut Christi, tränke mich!
Wasser der Seite Christi, wasche mich!
Leiden Christi, stärke mich!
O guter Jesus, erhöre mich!
Birg in deinen Wunden mich!
Von dir lass nimmer scheiden mich!
Vor dem bösen Feind beschütze mich!
In meiner Todesstunde rufe mich!
Zu dir zu kommen, heiße mich,
mit deinen Heiligen zu loben dich
in deinem Reiche ewiglich! Amen.

MARIENGEBETE

Maria ist die Mutter von Jesus. Und auch für uns ist sie wie eine Mutter. Sie kümmert sich um uns und wir können ihr alles anvertrauen, was uns beschäftigt.

AVE MARIA – GEGRÜSSET SEIST DU, MARIA

Gegrüßet seist du, Maria,
voll der Gnade,
der Herr ist mit dir.
Du bist gebenedeit unter den Frauen,
und gebenedeit ist die Frucht deines Leibes, Jesus.
Heilige Maria, Mutter Gottes,
bitte für uns Sünder
jetzt und in der Stunde unseres Todes.
Amen.

ANGELUS – ENGEL DES HERRN

Der Engel des Herrn brachte Maria die Botschaft, und sie empfing vom Heiligen Geist.

Gegrüßet seist du, Maria …

Maria sprach: Siehe, ich bin die Magd des Herrn; mir geschehe nach deinem Wort.

Gegrüßet seist du, Maria …

Und das Wort ist Fleisch geworden und hat unter uns gewohnt.

Gegrüßet seist du, Maria …

Bitte für uns, heilige Gottesmutter, dass wir würdig werden der Verheißung Christi.

Gegrüßet seist du, Maria …

Allmächtiger Gott, gieße deine Gnade in unsere Herzen ein. Durch die Botschaft des Engels haben wir die Menschwerdung Christi, deines Sohnes, erkannt. Lass uns durch sein Leiden und Kreuz zur Herrlichkeit der Auferstehung gelangen. Darum bitten wir durch Christus unseren Herrn. Amen.

MAGNIFICAT – LOBGESANG MARIAS

Meine Seele preist die Größe des Herrn,
und mein Geist jubelt über Gott,
meinen Retter.
Denn auf die Niedrigkeit seiner Magd hat er geschaut.

Siehe,
von nun an preisen mich selig
alle Geschlechter.

Denn der Mächtige hat Großes an mir getan,
und sein Name ist heilig.
Er erbarmt sich von Geschlecht zu Geschlecht
über alle, die ihn fürchten.

Er vollbringt mit seinem Arm machtvolle Taten:
Er zerstreut, die im Herzen voll Hochmut sind.

Er stürzt die Mächtigen vom Thron
und erhöht die Niedrigen.

Die Hungernden beschenkt er mit seinen Gaben
und lässt die Reichen leer ausgehen.

Er nimmt sich seines Knechtes Israel an
und denkt an sein Erbarmen,
das er unseren Vätern verheißen hat,
Abraham und seinen Nachkommen auf ewig.

MARIA CAELI – HIMMELSKÖNIGIN

Freu dich, du Himmelskönigin, Halleluja!
Den du zu tragen würdig warst, Halleluja,
er ist auferstanden, wie er gesagt hat, Halleluja.

Bitt Gott für uns, Halleluja.

Freu dich und frohlocke, Jungfrau Maria, Halleluja,
denn der Herr ist wahrhaft auferstanden, Halleluja.

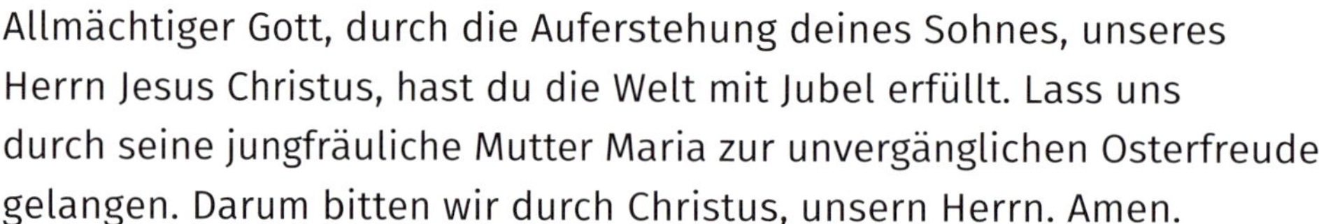

Allmächtiger Gott, durch die Auferstehung deines Sohnes, unseres Herrn Jesus Christus, hast du die Welt mit Jubel erfüllt. Lass uns durch seine jungfräuliche Mutter Maria zur unvergänglichen Osterfreude gelangen. Darum bitten wir durch Christus, unsern Herrn. Amen.

UNTER DEINEN SCHUTZ UND SCHIRM

Unter deinen Schutz und Schirm fliehen wir,
o heilige Gottesgebärerin;
verschmähe nicht unser Gebet in unseren Nöten,
sondern errette uns jederzeit von allen Gefahren,
o du glorreiche und gebenedeite Jungfrau.

GEBETE ZUM HEILIGEN GEIST

Der Heilige Geist ist der Geist Gottes. Er ist wie die Liebe. Hast du jemanden lieb? Dann weißt du bestimmt, wie gut sich Liebe anfühlt.

KOMM, HEILIGER GEIST

Komm, Heil'ger Geist, der Leben schafft,
erfülle uns mit deiner Kraft.
Dein Schöpferwort rief uns zum Sein:
Nun hauch uns Gottes Odem ein.
Komm, Tröster, der die Herzen lenkt,
du Beistand, den der Vater schenkt;
aus dir strömt Leben, Licht und Glut,
du gibst uns Schwachen Kraft und Mut.
Dich sendet Gottes Allmacht aus
im Feuer und in Sturmes Braus;
du öffnest uns den stummen Mund
und machst der Welt die Wahrheit kund.
Entflamme Sinne und Gemüt,
dass Liebe unser Herz durchglüht
und unser schwaches Fleisch und Blut
in deiner Kraft das Gute tut.

Die Macht des Bösen banne weit,
schenk deinen Frieden allezeit.
Erhalte uns auf rechter Bahn,
dass Unheil uns nicht schaden kann.
Lass gläubig uns den Vater sehn,
sein Ebenbild, den Sohn, verstehn
und dir vertraun, der uns durchdringt
und uns das Leben Gottes bringt.
Den Vater auf dem ew'gen Thron
Und seinen auferstandnen Sohn,
dich, Odem Gottes, Heil'ger Geist,
auf ewig Erd' und Himmel preist.
Amen.

A

FESTE

IM JAHRESKREIS

PIA BIEHL

FESTE IM JAHRESKREIS

ADVENT

Advent heißt Ankunft! Aber auf wessen Ankunft warten wir denn in dieser Zeit? Wir warten auf Jesus Christus! So, wie das Volk Israel damals voller Sehnsucht auf seinen Erlöser, den Messias wartete. Gott hatte seinem Volk den Messias versprochen und endlich wurde er geboren. Ganz klein, als Kind im Stall von Betlehem. An dieses große Ereignis denken die Christen im Advent und bereiten sich auf den Geburtstag von Jesus vor. Jeden Adventssonntag wird eine Kerze mehr am Adventskranz entzündet, wird es von Woche zu Woche heller, bis schließlich am Heiligen Abend das helle Weihnachtslicht erstrahlt. Auch wir freuen uns auf das große Fest! Bald ist es soweit! Weihnachten bringt die Menschen in Bewegung. Das war damals so und das ist heute nicht anders.

1. ADVENT

Ich möchte dich und deine Familie einladen, jeden Sonntag im Advent Menschen auf ihrem Weg nach Betlehem zu begleiten! Schön es ist es, wenn ihr euch Zeit nehmt und den folgenden Text gemeinsam lest. Vielleicht könnt ihr Maria und Josef aus eurer Krippenkiste holen und stellt sie in die Mitte.

MARIA UND JOSEF VERTRAUEN AUF GOTT

Zu dieser Zeit lebte in der Stadt Nazaret eine junge Frau mit Namen Maria. Sie war mit Josef verlobt, einem Zimmermann, der aus der Familie Davids stammte. Eines Tages geschah etwas Unglaubliches: Ein Engel kam zu Maria und sprach: „Fürchte dich nicht Maria! Denn Gott hat dich gesegnet, du wirst ein Kind bekommen, einen Sohn, den sollst du Jesus nennen. Er wird ein König sein, ein König wie David. Aber sein Königreich wird niemals aufhören, sondern ewig bestehen.“ (NACH LUKAS 1,26–33)

Maria war ganz schön erschrocken, als sie das hörte. Josef auch, aber er nimmt Maria zu sich und sorgt für sie. Eines Tages dann kommt ein Befehl vom Kaiser. Alle müssen sich in Steuerlisten eintragen lassen und zwar jeder in der Stadt seiner Vorfahren. Für Maria und Josef bedeutet dies, den langen Weg von Nazaret in Galiläa nach Betlehem in Judäa zu gehen. Das Baby sollte bald kommen, sie hatten kaum Geld und dann unterwegs in eine fremde Stadt…! Josef machte sie große Sorgen, ob Maria den weiten Weg wohl schaffen würde, ob sie überhaupt eine Unterkunft finden würden, ob das Kind gesund zur Welt kommen würde. Aber Maria war ganz ruhig und sagte: „Hab nur Vertrauen, Josef, der liebe Gott passt auf uns auf! Wir werden noch rechtzeitig in Betlehem ankommen. Wir sind nicht allein auf unserem Weg. Gott geht mit uns. Er ist das Licht auf unserem Weg!“

Jetzt könnt ihr die erste Kerze am Adventskranz anzünden und singen: *Wir sagen euch an, den lieben Advent* (GOTTESLOB 223,1).

WIR KÖNNEN DOCH SCHON DIE KRIPPE AUSPACKEN

Ihr habt sicher eine Weihnachtskrippe! Frag doch deine Eltern, ob ihr sie nicht früher als sonst üblich hervorholen dürft. So kannst du in der Adventszeit schon einmal den Platz für das Jesuskind vorbereiten. Wie wäre es, wenn du den Stall aufstellst. Vielleicht kannst du ja eine Wiesenlandschaft darum herum gestalten, auf der die Schafe schon weiden können. Auch Ochs und Esel können im Stall schon ihre Plätze einnehmen.

Die Hirten, die später als erstes von der Geburt des Jesuskindes erfahren, gehen ihrer Arbeit nach und hüten ihre Schafe. Nachts wärmen sie sich am Lagerfeuer. Maria und Josef haben einen langen Weg von Nazaret nach Betlehem. Du kannst einen Weg gestalten, den die beiden entlanggehen bis hin zum Stall. Wenn du sie jeden Tag ein Stückchen weiterziehen lässt, kannst du mit ihnen auf dem Weg nach Betlehem sein.

Ihren Weg können 24 Teelichter in Gläschen säumen. Jeden Tag zündest du (bitte unter Aufsicht eines Erwachsenen!) eine Kerze mehr an, so dass das Licht Richtung Weihnachten immer heller wird.

Die Könige haben den Stern gesehen und folgen ihm in ein fernes Land. Auch die Könige können sich von einer anderen Seite der Krippe nähern. Nur das Jesuskind sollte wirkliche erst am Heiligen Abend seinen Platz in der Krippe finden, denn wir haben ja noch nicht Weihnachten!

2. ADVENT

Nachdem wir am 1. Advent Maria und Josef ein Stück weit begleitet haben, wollen wir uns heute mit den Sterndeutern, die wir auch als Heilige Drei Könige kennen, auf den Weg nach Betlehem machen.

HABT IHR DIE KÖNIGE SCHON AUSGEPACKT? DANN HOLT SIE IN EURE MITTE!

Als Jesus zur Zeit des Königs Herodes in Betlehem in Judäa geboren worden war, siehe, da kamen Sterndeuter aus dem Osten nach Jerusalem und fragten: Wo ist der neugeborene König der Juden? Wir haben seinen Stern aufgehen sehen und sind gekommen, um ihm zu huldigen. (Matthäus 2,1–2)
Im fernen Morgenland hören die Könige von der Geburt des neuen Friedensfürsten und sehen den hellen Stern am Himmel. Nach langen Jahren des Krieges sehnen sich die Könige und ihre Völker nach Ruhe und Frieden. Und so beschließt ein jeder von ihnen, sich auf den Weg in das ferne Land zu machen, um den neuen König zu begrüßen. Unterwegs kreuzen sich ihre Wege und sie beschließen, ihrem Ziel gemeinsam entgegenzureiten. So folgen die drei Könige dem leuchtenden Stern auf dem langen Weg durch die Wüste. Dieser Stern vereint die drei und erhellt ihren langen und oftmals sicher auch dunklen und gefährlichen Weg.

IHR KÖNNT EINEN STERN ZU DEN KÖNIGEN LEGEN.

Aber sie werden alle Gefahren vergessen haben, wenn sie beim Kind im Stall ankommen. Sie werden dem Kind Geschenke bringen, werden ihm huldigen und werden auf ihrem Heimweg einen Befehl des Königs Herodes missachten und ihm nicht verraten, wo er den neugeborenen König finden kann.
Nun könnt ihr die zweite Kerze am Adventskranz anzünden und die zweite Strophe von: *Wir sagen euch an, den lieben Advent* (GOTTESLOB 223,2) singen.

BISCHOF NIKOLAUS (6. DEZEMBER)

Den 6. Dezember kennt jedes Kind! Es ist der Festtag des Heiligen Nikolaus. Leider wird er heute oft mit dem Weihnachtsmann verwechselt, mit dem er außer der Farbe des Mantels nichts gemeinsam hat.

Wann genau Nikolaus gelebt hat, ist uns nicht bekannt. Er wurde zwischen 270 und 286 in Patara geboren und starb an einem 6. Dezember. Nikolaus war Bischof in Myra. Das liegt in der heutigen Türkei. Nikolaus war beim Volk sehr beliebt, weil er sich immer für das Wohl der Menschen eingesetzt hat. Es gibt viele Legenden, die von seinen Taten erzählen. Eine davon ist die Legende vom Kornwunder:

In Myra herrscht eine große Hungersnot. Die Menschen haben nichts mehr zu essen. Besonders die Kinder und Kranken leiden. Da hört Nikolaus, dass im Hafen von Myra ein großes Schiff angelegt hat, dass bis unters Deck voll mit Korn beladen ist. Es ist unterwegs zum Kaiser von Byzanz. Nikolaus bittet die Seeleute, ihm einen Teil des Korns zu überlassen, damit die größte Not in Myra gelindert werden kann. Doch die Seeleute weigern sich, denn sie haben Angst vor dem Kaiser. Das Korn war genau abgewogen und der Kaiser würde sofort merken, wenn auch nur ein Sack fehlt. Nikolaus verspricht den Seeleuten, dass ihnen in Byzanz kein Korn fehlen werde, wenn sie doch nur hier in Myra den Menschen helfen würden. Schließlich willigen die Seeleute ein und überlassen Nikolaus einen Teil der Ladung. Beim Kaiser angekommen, staunen sie nicht schlecht. Es fehlt wirklich kein Korn, so wie Nikolaus es ihnen versprochen hatte! In Myra reicht das Korn für zwei Jahre und es war auch noch genug für die Aussaat da.

Der heilige Bischof Nikolaus wird seit Jahrhunderten als Wohltäter der Kinder verehrt. In vielen Regionen haben sich weltweit unterschiedliche Bräuche gebildet:

Ein bekannter Brauch ist, dass der Nikolaus in der Nacht vor seinem Festtag die Schuhe mit Süßigkeiten füllt. Dazu werden die Schuhe besonders blank geputzt und vor die Türe gestellt. Ich kenne Kinder, die in Anbetracht ihrer eigenen kleinen Schuhe sich die Arbeitsstiefel vom Papa ausleihen, weil da ja mehr rein geht …

An vielen Orten besucht der Bischof Nikolaus, prächtig gekleidet in ein Bischofsgewand mit Mitra und Bischofsstab, die Kinder. Oft hat er ein großes goldenes Buch dabei und ist erstaunlich gut darüber informiert, was im vergangenen Jahr bei dem ein oder anderen so gar nicht gut gelungen war. Meist geht es mit einer Ermahnung ab und der Nikolaus zaubert kleine Geschenke aus dem großen Sack.

3. ADVENT

Heute wollen wir uns mit den Hirten auf den Weg machen. Zu eurer Krippe gehören bestimmt auch Hirten und Schafe. Stell sie zum Adventskranz, wenn ihr den Text gemeinsam lest. Auch der Engel spielt heute eine Rolle!

In jener Gegend lagerten Hirten auf dem Feld und hielten Nachtwache bei ihrer Herde. Da trat der Engel des Herrn zu ihnen und sagte: „Fürchtet euch nicht! Ich verkündige euch eine große Freude, die allen zuteilwerden soll! Denn euch ist heute der Retter geboren: Christus der Herr, in der Stadt Davids. Ihr werdet ein Kind finden, in Windeln gewickelt und in einer Krippe liegen."
(NACH LUKAS 2,8–12)

Die Hirten sitzen in der Nacht am Feuer und hüten ihre Schafe. Hirten, das sind arme Leute, Menschen, die von anderen nicht besonders geachtet werden, einfaches Volk. Es ist unruhig in dieser Nacht, die Schafe geben keine Ruhe, sie blöken und laufen ständig durcheinander. Irgendetwas liegt in der Luft. Und dann ist da plötzlich ein Engel, der ganz seltsame Dinge sagt: „Der Retter ist geboren! Ihr findet das Kind in einem Stall." Die Hirten zögern nicht lange! Sie treiben ihre Schafe zusammen und machen sich auf den Weg zum Stall. Und sie werden alles so vorfinden, wie es der Engel gesagt hat. In der Dunkelheit leuchtet ihnen ein Licht auf, bringt sie in Bewegung, erfüllt sich ihre Hoffnung.

Die Geburt dieses Kindes wird ihr Leben verändern und sie sind die Ersten, die davon erfahren, die das Kind begrüßen dürfen. Licht auf ihrem Weg!

Die dritte Kerze am Adventskranz leuchtet jetzt und ihr könnt singen: *Wir sagen euch an, den lieben Advent* (GOTTESLOB 223,3).

4. ADVENT

Am 1. Advent haben wir uns mit Maria und Josef auf den Weg nach Betlehem gemacht. Danach haben wir die Könige ein Stück weit begleitet und in der letzten Woche waren die Hirten im Mittelpunkt. Heute wollen wir unseren Weg nach Betlehem gehen!

Anfang des Evangeliums von Jesus Christus, Gottes Sohn. Wie geschrieben steht beim Propheten Jesaja – Siehe, ich sende meinen Boten vor dir her, der deinen Weg bahnen wird. Stimme eines Rufers in der Wüste: Bereitet den Weg des Herrn! Macht gerade seine Straßen! –, so trat Johannes der Täufer in der Wüste auf und verkündete eine Taufe der Umkehr zur Vergebung der Sünden. Ganz Judäa und alle Einwohner Jerusalems zogen zu ihm hinaus; sie bekannten ihre Sünden und ließen sich im Jordan von ihm taufen. (MARKUS 1,1–5)

„Bereitet den Weg des Herrn!" hat Johannes den Menschen zugerufen. Was hat er damit gemeint? Johannes wollte den Menschen damals sagen: Der Retter, auf den ihr schon so lange wartet, ist ganz nah! Wenn ihr etwas Unrechtes getan habt, bringt es in Ordnung! Bereitet euch vor! Christus kommt in unsere Welt! Er macht unser Leben hell! Advent muss also nicht nur für Kinder spannend und für die Erwachsenen hektisch sein. Advent, die Zeit der Erwartung, lädt uns ein, uns gemeinsam jeden Tag ein bisschen Zeit füreinander zu nehmen und ganz bewusst an Jesus zu denken, uns vorzubereiten auf das große Fest seiner Geburt. Der Advent bietet uns die große Chance, uns neu auf den Weg zu machen, zum Stall nach Betlehem, zum Kind, das in der Krippe liegen wird. Rollen wir die Steine, die im Weg sind, auf die Seite und bereiten dem Herrn den Weg. Sein Licht macht unser Dunkel hell.

Nun leuchtet auch die vierte Kerze am Adventskranz. Wir singen die vierte Strophe von *Wir sagen euch an, den lieben Advent* (GOTTESLOB 223,4).

WEIHNACHTEN

Wir feiern die Geburt Jesu. Gott schenkt uns seinen Sohn. Du kennst die Weihnachtsgeschichte: Gottes Sohn wird nicht in einem Königspalast geboren; er kommt in einem armseligen Stall zur Welt, draußen, vor der Stadt Betlehem, weil nirgendwo Platz für seine Eltern war. Mitten in der Nacht geht ein helles Licht auf: Engel verkünden den Hirten die Geburt des Kindes. Sterndeuter aus dem Morgenland kommen und bringen diesem Kind kostbare Geschenke. Weihnachten – das Geburtstagsfest Jesu.

Der Weihnachtsbaum, die Kerzen, der Festtagsschmuck und die Krippe sind also nicht nur einfach Dekoration für den großen Geschenkemarathon. Sie sollen uns an das große Ereignis erinnern: Die Geburt Jesu ist der Grund dieses großen Festes.

Und eben weil dieses Fest so wichtig ist, feiert es die Kirche recht ausgiebig: In der Feier der Christmette in der Heiligen Nacht und mit Gottesdiensten am 1. und am 2. Weihnachtsfeiertag.

DIE GEBURT JESU

Es geschah aber in jenen Tagen, dass Kaiser Augustus den Befehl erließ, den ganzen Erdkreis in Steuerlisten einzutragen. Diese Aufzeichnung war die erste; damals war Quirinius Statthalter von Syrien. Da ging jeder in seine Stadt, um sich eintragen zu lassen. So zog auch Josef von der Stadt Nazaret in Galiläa hinauf nach Judäa in die Stadt Davids, die Betlehem heißt; denn er war aus dem Haus und Geschlecht Davids. Er wollte sich eintragen lassen mit Maria, seiner Verlobten, die ein Kind erwartete. Es geschah, als sie dort waren, da erfüllten sich die Tage, dass sie gebären sollte, und sie gebar ihren Sohn, den

Erstgeborenen. Sie wickelte ihn in Windeln und legte ihn in eine Krippe, weil in der Herberge kein Platz für sie war. In dieser Gegend lagerten Hirten auf freiem Feld und hielten Nachtwache bei ihrer Herde. Da trat ein Engel des Herrn zu ihnen und die Herrlichkeit des Herrn umstrahlte sie und sie fürchteten sich sehr. Der Engel sagte zu ihnen: Fürchtet euch nicht, denn siehe, ich verkünde euch eine große Freude, die dem ganzen Volk zuteilwerden soll: Heute ist euch in der Stadt Davids der Retter geboren; er ist der Christus, der Herr. Und dass soll euch als Zeichen dienen: Ihr werdet ein Kind finden, das, in Windeln gewickelt, in einer Krippe liegt. Und plötzlich war bei dem Engel ein großes himmlisches Heer, das Gott lobte und sprach: Ehre sei Gott in der Höhe und Friede auf Erden den Menschen seines Wohlgefallens. Und es geschah, als die Engel von ihnen in den Himmel zurückgekehrt waren, sagten die Hirten zueinander: Lasst uns nach Betlehem gehen, um das Ereignis zu sehen, das uns der Herr kundgetan hat! So eilten sie hin und fanden Maria und Josef und das Kind, das in der Krippe lag. Als sie es sahen, erzählten sie von dem Wort, das ihnen über dieses Kind gesagt worden war. Und alle, die es hörten, staunten über das, was ihnen von den Hirten erzählt wurde. Maria aber bewahrte alle diese Worte und erwog sie in ihrem Herzen. Die Hirten kehrten zurück, rühmten Gott und priesen ihn für alles, was sie gehört und gesehen hatten, so wie es ihnen gesagt worden war. (LUKAS 2,1–20)

DIE FEIER DES HEILIGEN ABEND

Lange hast du auf diesen Abend gewartet! Nun ist er da! Vielleicht besucht ihr gemeinsam eine Krippenfeier in eurer Kirche. Vielleicht spielst du ja sogar mit? Oder ihr besucht später am Abend gemeinsam die Christmette. Ich weiß, dass das Spannendste am Heiligen Abend die Feier und die Bescherung in der

Familie sind. Und doch sollten wir bei allen Geschenken, dem festlichen Essen und dem glänzenden Schmuck am Weihnachtsbaum den eigentlichen Grund des Festes nicht aus den Augen verlieren: Jesus wird geboren!

Schön ist es, wenn ihr euch vor der Bescherung um den Weihnachtsbaum versammelt und zunächst gemeinsam ein allen bekanntes Weihnachtslied singt. Vielleicht spielst du oder jemand aus deiner Familie ein Instrument, um den Gesang zu begleiten? Dann könnt ihr das Weihnachtsevangelium vorlesen (Das findest du auf den Seiten 85-86). Und danach könnte ihr wieder ein Lied singen, zum Beispiel *Stille Nacht, heilige Nacht.*

Ihr könnt an die Menschen aus eurer Familie denken, die an diesem Heiligen Abend nicht bei euch sein können. Vielleicht weil sie weit weg sind von zu Hause, vielleicht weil sie krank sind. Ihr könnt an die Verstorbenen aus eurer Familie denken. Alle eure Gedanken könnt ihr zusammenfassen in einem gemeinsamen Gebet, zum Beispiel dem Vater unser. Danach singt ihr noch ein gemeinsames Lied. Wie wäre es mit *O du fröhliche?* Und dann ist Bescherung!

KENNST DU DIE BELIEBTEN WEIHNACHTSLIEDER?

- Alle Jahre wieder
- Am Weihnachtsbaume, die Lichter brennen
- Stille Nacht, heilige Nacht
- Ihr Kinderlein kommet
- Fröhliche Weihnachten überall
- O du fröhliche
- Kling Glöckchen, klingelingeling
- Morgen, Kinder, wird's was geben

DAS FEST DER HEILIGEN DREI KÖNIGE (6. JANUAR)

Am 6. Januar feiert die Kirche das Fest *Epiphanie*, Erscheinung des Herrn. Viel bekannter ist dir sicherlich das Fest der Heiligen drei Könige. *Epiphanie* oder Erscheinung des Herrn wird das Fest genannt, weil in der Anbetung durch die Könige deutlich wurde: Dieses Kind in der Krippe, Jesus, ist ein besonderes Kind. Es ist Gottes Sohn! Die drei Sterndeuter, die erst in der Legende zu Königen werden, haben dem Jesuskind Geschenke mitgebracht. Geschenke, wie man sie einem König in der Antike machte: Weihrauch, Myrrhe und Gold. Der Evangelist Matthäus berichtet in seinem Evangelium davon (Matthäus 2,1–12). Lies doch mal die Geschichte nach!

WEISST DU, WAS DIE GESCHENKE DER KÖNIGE BEDEUTEN?

Weihrauch ist eine Mischung aus verschiedenen Harzen, die mit der glühenden Kohle im Weihrauchfass entzündet wird. Weihrauch ist in der Antike ein Zeichen der Verehrung: So wie der Rauch zum Himmel emporsteigt, so sollen unsere Gebete zu Gott emporsteigen.

Myrrhe ist eine kostbare Salbe. Früher wurden nur Priester und Könige damit gesalbt. Wir werden heute bei unserer Taufe und später auch dann bei der Firmung mit Chrisam gesalbt. Christus heißt übrigens übersetzt: Der Gesalbte!

Gold war schon immer das wertvollste Metall und ein königliches Geschenk.

DIE STERNSINGER

In vielen Gemeinden ziehen um den 6. Januar Kinder als Könige verkleidet durch die Gemeinden, schreiben einen Segensspruch an die Türen und sammeln Geld für Not leidende Kinder in der Welt. Diese Sternsingeraktion gibt es seit über 50 Jahren. Allein in Deutschland sind in jedem Jahr rund 500 000 Sternsingerinnen und Sternsinger unterwegs. Die Sternsingeraktion ist die weltweit größte Kinderbewegung.

DIE STERNSINGER SCHREIBEN AN DIE TÜREN DER HÄUSER: 20 + C + M + B + 22

Die ersten beiden und die letzten beiden Ziffern ergeben die aktuelle Jahreszahl, zum Beispiel 2022. Die Buchstaben C+M+B stehen für den lateinischen Segensspruch: *Christus mansionem benedicat.* Das bedeutet: Christus segne dieses Haus. Die drei Buchstaben stehen nicht, wie man vermuten könnte, für die Namen der drei Könige: Caspar, Melchior und Balthasar – auch wenn das eine gute Eselsbrücke ist. In der Bibel haben die Könige übrigens noch gar keine Namen, diese wurden ihnen erst später durch die Legende gegeben. Die verschiedenen Hautfarben der Könige symbolisieren die damals bekannten Erdteile.

OSTERFESTKREIS

ASCHERMITTWOCH – BEGINN DER FASTENZEIT

Mit dem Aschermittwoch beginnt die 40-tägige Vorbereitungszeit auf Ostern, die Fastenzeit. In der jungen Kirche eröffnete der Aschermittwoch die öffentliche Bußzeit. Die Büßer legten ein Büßergewand an und streuten sich Asche auf den Kopf. Im 10. Jahrhundert wurde die öffentliche Buße abgeschafft. Seitdem lassen sich die Christen das Aschenkreuz auf die Stirn zeichnen.

Das Aschenkreuz ist ein Zeichen der Umkehr und Buße. Wenn du dir ein Aschenkreuz auf die Stirn zeichnen lässt, zeigst du deine Bereitschaft, deinen Weg zu überdenken, zu schauen, was nicht in Ordnung ist und dann auch umzukehren.

Das Zeichen der Asche als Symbol der Buße findet sich schon im Alten Testament: Ijob setzt sich zum Zeichen der Reinigung in die Asche; seine Freunde streuten sich zum Zeichen der Buße Asche auf den Kopf (vgl. Ijob 2,8.12). Aber warum Asche? Die ist doch schmutzig? Sehr früh schon hat man festgestellt, dass Asche reinigende Wirkung hat. Selbst Wäsche wurde mit Asche eingerieben und war nach dem Ausspülen mit Wasser wieder blitzsauber. Asche ist also ein Zeichen Reinigung und Umkehr!

Die Asche ist aber auch ein Zeichen für die Vergänglichkeit des Menschen. Im Buch Genesis steht folgender Satz: „Im Schweiße deines Angesichts wirst du dein Brot essen, bis du zum Erdboden zurückkehrst; denn von ihm bist du genommen, Staub bist du und zum Staub kehrst du zurück“ (Genesis 3,19). Die Asche erinnert uns also auch daran, dass wir nicht ewig auf dieser Erde leben, dass wir einmal sterben müssen. Das Aschenkreuz ist aber auch ein starkes Zeichen für unseren christlichen Glauben: Wir glauben daran, dass mit dem Tod nicht alles vorbei ist, sondern dass der Tod der Beginn eines neuen Lebens bei Gott ist.

40 TAGE DER UMKEHR

Wenn du die Tage bis Ostern zählst, kommst du auf mehr als 40 Tage. Das kommt daher, dass die Fastensonntage aus diesen Fastentagen herausgenommen sind. Hier siehst du die Tage bis Ostern:

1. FASTENSONNTAG
2. FASTENSONNTAG
3. FASTENSONNTAG
4. FASTENSONNTAG (LAETARE)
5. FASTENSONNTAG (PASSIONSSONNTAG)

PALMSONNTAG
MONTAG IN DER KARWOCHE
DIENSTAG IN DER KARWOCHE
MITTWOCH IN DER KARWOCHE
GRÜNDONNERSTAG
KARFREITAG
KARSAMSTAG
OSTERSONNTAG
OSTERMONTAG

KARWOCHE

Mit dem Palmsonntag beginnt die Heilige Woche. Du kennst sie auch unter der Bezeichnung Karwoche. Das kommt vom altdeutschen Wort *kara*, was so viel wie „Kummer“ oder „Klage“ bedeutet. In dieser Woche erinnern wir uns in besonderer Weise an das Leiden und Sterben Jesu. Doch zunächst einmal beginnt die Karwoche jubelnd. Wir feiern den Einzug Jesu in Jerusalem. Beim Evangelisten Matthäus kannst du die Geschichte nachlesen:

Als sie sich Jerusalem näherten und nach Betfage am Ölberg kamen, schickte Jesus zwei Jünger aus und sagte zu ihnen: Geht in das Dorf, das vor euch liegt; dort werdet ihr eine Eselin angebunden finden und ein Fohlen bei ihr. Bindet sie los und bringt sie zu mir! Und wenn euch jemand zur Rede stellt, dann sagt: Der Herr braucht sie, er lässt sie aber bald zurückbringen. Das ist geschehen, damit sich erfüllte, was durch den Propheten gesagt worden ist: *Sagt der Tochter Zion: Siehe dein König kommt zu dir. Er ist sanftmütig und er reitet auf einer Eselin und auf einem Fohlen, dem Jungen eines Lasttiers.* Die Jünger gingen und taten, wie Jesus ihnen aufgetragen hatte. Sie brachten die Eselin und das Fohlen, legten ihre Kleider auf sie und er setzte sich darauf. Viele Menschen breiteten ihre Kleider auf dem Weg aus, andere schnitten Zweige von den Bäumen und streuten sie auf den Weg. Die Leute aber, die vor ihm hergingen und die ihm nachfolgten, riefen: Hosanna dem Sohn Davids! Gesegnet sei der, der kommt im Namen des Herrn. Hosanna in der Höhe! Als er in Jerusalem einzog, erbebte die ganze Stadt und man fragte: Wer ist dieser? Die Leute sagten: Das ist der Prophet Jesus von Nazaret in Galiläa. (MATTHÄUS 21,1–11).

PALMSONNTAG

Jubelnd haben damals die Menschen Jesus in Jerusalem begrüßt. Palmen und Kleider haben sie zu seinen Füßen ausgelegt. „Hosanna dem Sohn Davids!“ Sie haben ihn empfangen wie einen König.

Mit geweihten Palmzweigen ziehen Christen am Palmsonntag in Erinnerung an diesen Tag singend und betend in die Kirche ein. Du kannst dir einen Palmbuschen oder geschmückten Palmzweig selbst basteln und mit zur Kirche nehmen. Dazu bindest du Buchsbaumzweige mit Draht um einen dünnen Holzstab. Nun verzierst du diesen Palmzweig mit bunten Bändern und bunten Eiern.
Die Palmzweige werden zu Beginn des Palmsonntagsgottesdienstes geweiht und in einer feierlichen Prozession in die Kirche getragen. Nach dem Gottesdienst stecken viele Christen einen geweihten Palmzweig zu Hause an das Kruzifix, das Kreuz. Sie sollen das Haus schützen.

GRÜNDONNERSTAG UND KARFREITAG

Nach dem gefeierten Einzug Jesu in Jerusalem schlug die Stimmung sehr schnell um. Die Menschen, die ihn als König bejubelt hatten, forderten wenige Tage später: Kreuzigt ihn! Jesus wusste, was kommen würde. Er wollte vor seinem Tod noch einmal gemeinsam mit den Jüngern das Mahl halten und ihnen und uns ein Geschenk machen: Er schenkt sich uns in Brot und Wein. Die Jünger und Freunde Jesu haben später noch oft dieses Mahl miteinander gefeiert. Deshalb feiern auch wir heute dieses Mahl miteinander.

Am Karfreitag gehen wir Christen mit Jesus den schweren Weg nach Golgota, dem Ort, an dem Jesus gekreuzigt wurde. In vielen Kirchen findest du Bilder von diesem Weg Jesu, der Kreuzweg genannt wird. Er besteht aus 14 Stationen. Am Karfreitag treffen sich die Gläubigen und gehen gemeinsam betend von Station zu Station. Dabei hören sie die Leidensgeschichte Jesu und denken an den schweren Weg, den er gegangen ist.

OSTERN

Das Dunkel des Todes wird erhellt vom Licht: Christus ist auferstanden! In der Osternacht feiern wir Christen die Auferstehung Jesu. Die Gläubigen treffen sich vor Beginn des Gottesdienstes vor der Kirche, wo ein kleines Feuer brennt. An diesem Feuer wird die neue Osterkerze gesegnet und entzündet. Das Licht der neuen Osterkerze wird in die dunkle Kirche getragen. Die Gläubigen entzünden ihre Kerzen am Licht der Osterkerze.

So, wie das Licht der Engel im leeren Grab und die Freude der Frauen über die Auferstehung Jesu wieder alles hell gemacht hat, so erhellt das Licht der Osterkerze das Dunkel der Nacht und zeigt uns: Christus ist auferstanden! Die Freude der Osternacht drückt sich auch im Osterjubel aus: Christus ist auferstanden! Halleluja.

CHRISTI HIMMELFAHRT

40 Tage nach Ostern feiern wir das Fest Christi Himmelfahrt. Jesus geht zu seinem Vater in den Himmel. Er hat seinen Jüngern gezeigt: Seht, ich bin auferstanden, ich lebe! Aber ich kann nicht mehr bei euch bleiben, ich gehe zu meinem Vater. Und doch bin ich immer bei euch.

Der Evangelist Lukas beschreibt das so: Jesus erschien seinen Jüngern nach seiner Auferstehung. Er teilte mit ihnen das Brot. Dann öffnete er ihnen die Augen für die Schrift und sagte: „So steht es in der Schrift: Der Messias wir leiden und am dritten Tage von den Toten auferstehen und in seinem Namen wird man allen Völkern, angefangen in Jerusalem, verkünden, sie sollen umkehren, damit ihre Sünden vergeben werden. Ihr seid Zeugen dafür. Und ich werde die Gabe, die mein Vater verheißen hat, zu euch herab senden. Bleibt in der Stadt, bis ihr mit der Kraft aus der Höhe erfüllt werdet." Dann führte er sie hinaus in die Nähe von Betanien. Dort erhob er seine Hände und segnete sie. Und während er sie segnete, verließ er sie und wurde zum Himmel emporgehoben; sie aber fielen vor ihm nieder. Dann kehrten sie in großer Freude nach Jerusalem zurück. Und sie waren immer im Tempel und priesen Gott. (NACH LUKAS 24,45–53)

An diesem Tag finden vor allem in ländlichen Gegenden feierliche Flurprozessionen durch die Felder statt. Dabei wird Gottes Segen für das Wachstum des Getreides und der Früchte oder die Abwendung von Unwettern erbeten.

PFINGSTFEST

50 Tage nach Ostern feiert die Kirche das Pfingstfest. Das Wort Pfingsten stammt vom griechischen Wort *pentecoste hemera,* das bedeutet „der fünfzigste Tag". Die Apostelgeschichte berichtet davon, dass Gott den Jüngern seinen Heiligen Geist gesandt hat. Die Jünger waren nach allem, was sie in den zurückliegenden Wochen und Monaten erlebt hatten, ziemlich unsicher. Sie wussten nicht so wirklich, wie es weitergehen sollte. Und in diese Unsicherheit hinein, schickt Gott seinen Heiligen Geist! Wie ein Sturm kommt er zu den Jüngern und fegt ihre Unsicherheit und ihre Ängstlichkeit weg. Gottes Geist begeistert sie und sie können in allen Sprachen reden.

Lies das doch mal in der Apostelgeschichte (APOSTELGESCHICHTE 2,1–13) nach. Die Jünger haben etwas zu sagen, sie haben eine Botschaft, und die Menschen hören ihnen zu. Sie können die Menschen mit ihrer Begeisterung anstecken, andere für die Sache Jesu begeistern.

Es ist etwas in Bewegung gekommen, damals in Jerusalem! Du kannst dir das so vorstellen, wie bei einem großen Event. Vielleicht hast du das bei der Fußball-WM erlebt. Viele Menschen sind begeistert, feiern gemeinsam, lassen sich anstecken! So war das damals in Jerusalem auch. Die Menschen haben sich bewegen, mitreißen lassen. Diese Bewegung hält bis heute an. Immer wieder haben sich Menschen anstecken, begeistern lassen, haben die Botschaft Jesu und den Glauben weitergetragen. Das ist doch spannend, oder? Wenn es nicht immer wieder Menschen gegeben hätte, die sich begeistern ließen, dann wüssten wir heute nichts mehr von Jesus. Und das fände ich sehr schade!

ERNTEDANKFEST

Am ersten Sonntag im Oktober feiern die Christen das Erntedankfest. Dieser Brauch stammt aus einer Zeit, als das Leben der Menschen noch eng mit den Abläufen in der Natur verbunden war. Die Menschen erlebten ihre Abhängigkeit von der Natur viel direkter als wir heute. So war das Erntedankfest früher ein ganz großes und bedeutendes Fest, das die Menschen feierten, wenn sie die Ernte eingebracht hatten.

Aber auch wir wissen, was eine gute Ernte für das Überleben der Menschen bedeutet. Wir danken Gott für alles, was er uns an Gaben in diesem Jahr geschenkt hat, wenn das Gemüse und Getreide wachsen und die Früchte reifen konnten.

Da die meisten Menschen ihre Lebensmittel heute im Supermarkt einkaufen, ist ihnen oft nicht mehr bewusst, wo das Obst und das Gemüse, das Getreide und das Brot herkommen. Dabei haben wir allen Grund zum Danken für die Fülle an Obst und Gemüse durch das ganze Jahr hindurch. So bringen auch heute noch an vielen Orten die Menschen Früchte, Gemüse und Getreide in die Kirche zum Altar, um einen feierlichen Dankgottesdienst zu feiern.

DER HEILIGE MARTIN (11. NOVEMBER)

Am 11. November feiert die Kirche das Fest des heiligen Martin von Tours. Du kennst ihn sicher besser unter dem Namen St. Martin! Martin wurde um das Jahr 317 in Ungarn geboren. Bald nach seiner Geburt zogen seine Eltern nach Italien. Martin und seine Eltern waren Heiden. Spielkameraden erzählten

Martin von Jesus. Martin wollte auch ein Freund von Jesus werden, aber das durfte er seinen Eltern nicht erzählen, weil sein Vater die Christen nicht mochte. Mit 15 Jahren musste Martin auf Wunsch seines Vaters Soldat werden. Wenige Jahre später wurde er Offizier. Offiziere hatten Diener, von denen sie sich bedienen ließen. Nicht so Martin. Er hatte sich die Geschichte von Jesus gemerkt, der seinen Jüngern die Füße gewaschen hatte. So putzte er sich die Stiefel selber und aß mit seinem Diener an einem Tisch. Am Stadttor von Amiens in Frankreich teilte Martin im Jahr 334 seinen Mantel mit einem frierenden Bettler. Du kennst diese Geschichte ganz bestimmt. Bald darauf wurde Martin getauft. Er verließ das Heer und wurde zum Priester geweiht. Im Jahr 371 wurde er Bischof von Tours. Eigentlich wollte er das gar nicht. Die Legende erzählt, dass sich Martin im Stall vor den Menschen versteckt hatte. Die Gänse aber haben ihn mit ihrem Geschnatter verraten. Und so ist Martin dann doch zum Bischof geweiht worden. Martin wurde über 80 Jahre alt. Er wurde schon zu Lebzeiten von den Menschen sehr verehrt.

DIE SCHÖNSTEN
KINDER
LIEDER
VOM LIEBEN GOTT

LIEDER VOM LIEBEN GOTT

EIN BUNTER REGENBOGEN

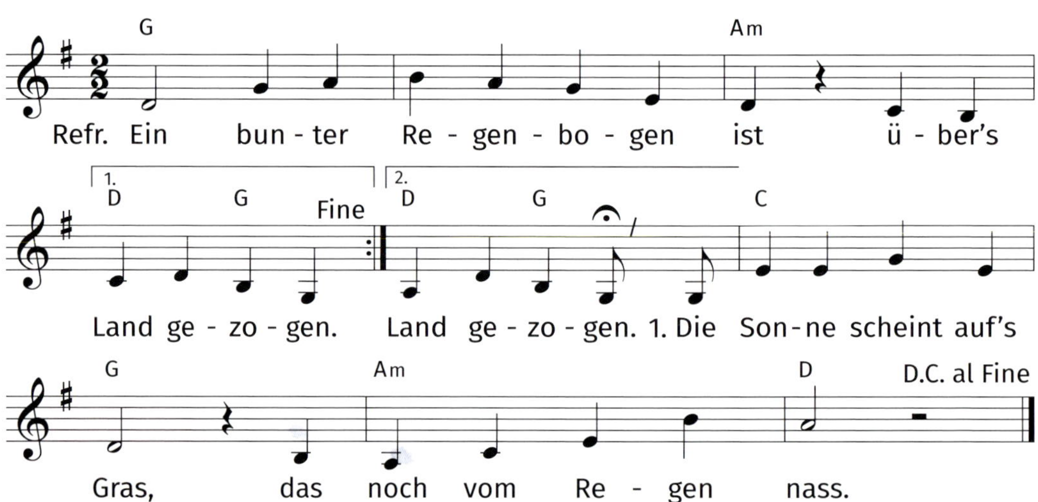

2. Ein bunter Regenbogen
ist über`s Land gezogen.
Und alle bleiben stehn,
um ihn sich anzusehn.
3. Ein bunter Regenbogen
ist über`s Land gezogen,
damit ihr`s alle wisst,
dass Gott uns nicht vergisst.

Das Lied kann als Kanon gesungen werden.

Text: Rolf Krenzer, © Rolf Krenzer Erben, Dillenburg
Melodie: Ludger Edelkötter, © KiMu Kinder Musik Verlag GmbH

MITEINANDER WACHSEN

Miteinander wachsen dem Himmel entgegen.
Miteinander gehen auf Gottes Wegen.
Du und ich, ich und du,
du und ich, ich und du.

Das Lied kann als Kanon und mit Bewegungen gesungen werden:

Miteinander wachsen - HÄNDE AUSBREITEN

dem Himmel entgegen - HÄNDE AUSGEBREITET HEBEN

Miteinander gehen auf Gottes Wegen - AUF DER STELLE LAUFEN, ARME SEITLICH AM KÖRPER MITSCHWINGEN LASSEN.

Du - MIT BEIDEN ZEIGEFINGERN AUF JEMAND ANDEREN ZEIGEN

und ich - MIT BEIDEN ZEIGEFINGERN AUF SICH SELBST ZEIGEN

ich und du: - WIE OBEN

Text und Melodie: Wilfried Röhrig,

ICH HÜLL DICH GOLDEN EIN

Ich hüll' dich golden ein,
von Gott sollst du gesegnet sein.
Von Herzen freu ich mich,
ich freu mich über dich.

Während des Liedes/Gebets wird ein goldenes Tuch oder Band um das Kind gelegt bzw. es darin eingehüllt, um den Segen zu symbolisieren und „greifbar" zu machen.

Text und Melodie: Thomas Brunnhuber, aus: Religionspädagogische Praxis, 3/2003, S. 16, © RPA-Verlag

GEBURTSTAG

ALL DAS WÜNSCH ICH DIR

2. Bäume, die dir Schatten spenden, Hände, die dir Halt verleihn,
Mut, um dich auch loszusagen, all das wünsch ich dir!
Tränen, die es ehrlich meinen, Augenblicke voller Glück,
Sehnsucht, die die Grenzen sprengt, all das wünsch ich dir!

3. Wünsche, die sich leben lassen, Wind, der dich nach vorne treibt,
Lust, dich immer neu zu finden, all das wünsch ich dir!
Tänze, die die Trauer bannen, Schweigen, das voll Nähe brennt,
Segen, den der Himmel regnet, all das wünsch ich dir!

4. Freunde, die dich oft verzaubern, Lächeln, das von innen kommt,
Zärtlichkeit, die sich verschwendet, all das wünsch ich dir!
Gegenwind bei Langeweile, Kraft, die aus der Tiefe schöpft,
einen Engel in der Not, all das wünsch ich dir!

Text und Melodie: Robert Haas, aus: CD Gesegnet,

ERNTEDANK

GOTT, ICH WILL DIR DANKEN

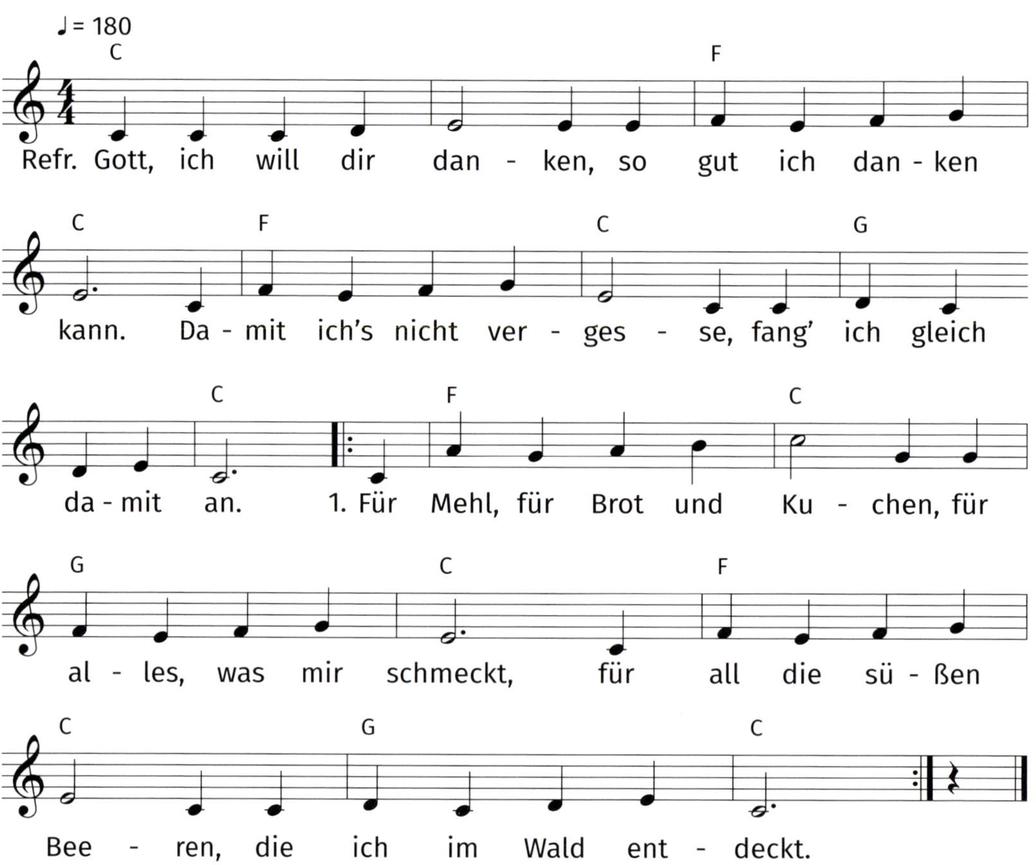

Refrain
2. Für Gurken und Tomaten, Gemüse und Salat,
für Reis und für Kartoffeln. Das macht mich rund und satt.

Refrain
3. Für diesen dicken Kürbis, den keiner übersieht,
für Äpfel und für Pflaumen dank´ ich mit meinem Lied.

Refrain
4. Du gabst uns allen reichlich. So fängt die Ernte an.
Ich will von Herzen danken, dass ich dir danken kann.

Text: Rolf Krenzer
Melodie: Stephen Janetzko

MARTINSTAG

SANKT MARTIN

2. Im Schnee saß, im Schnee saß,
im Schnee da saß ein armer Mann,
hatt‘ Kleider nicht, hatt‘ Lumpen an.
„O helft mir doch in meiner Not,
sonst ist der bittre Frost mein Tod!“

3. Sankt Martin, Sankt Martin,
Sankt Martin zog die Zügel an,
sein Ross stand still beim armen Mann,
Sankt Martin mit dem Schwerte teilt‘
den warmen Mantel unverweilt.

4. Sankt Martin, Sankt Martin
Sankt Martin gab den Halben still,
der Bettler rasch ihm danken will.
Sankt Martin aber ritt in Eil‘
hinweg mit seinem Mantelteil.

Volkslied

ADVENT UND WEIHNACHTEN

LASST UNS FROH UND MUNTER SEIN

2. Bald ist uns‘re Schule aus,
dann zieh‘n wir vergnügt nach Haus.
Lustig, lustig…

3. Dann stell ich den Teller auf,
Niklaus legt gewiss was drauf,
Lustig, lustig…

4. Steht der Teller auf dem Tisch,
sing ich nochmals froh und frisch:
Lustig, lustig…

5. Wenn ich schlaf, dann träume ich:
Jetzt bringt Niklaus was für mich.
Lustig, lustig…

6. Wenn ich aufgestanden bin,
lauf ich schnell zum Teller hin.
Lustig, lustig…

7. Niklaus ist ein guter Mann,
dem man nicht g‘nug danken kann.
Lustig, lustig…

Volkslied

ALLE JAHRE WIEDER

2. Kehrt mit seinem Segen
ein in jedes Haus,
geht auf allen Wegen
mit uns ein und aus.

3. Steht auch mir zur Seite
still und unerkannt,
dass es treu mich leite
an der lieben Hand.

Text: Wilhelm Hey
Melodie: Friedrich Silcher

GUTE NACHT

DER MOND IST AUFGEGANGEN

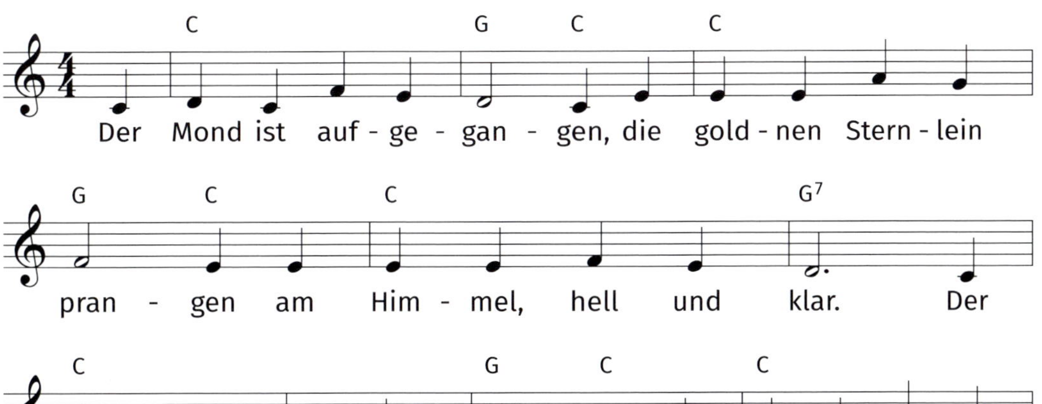

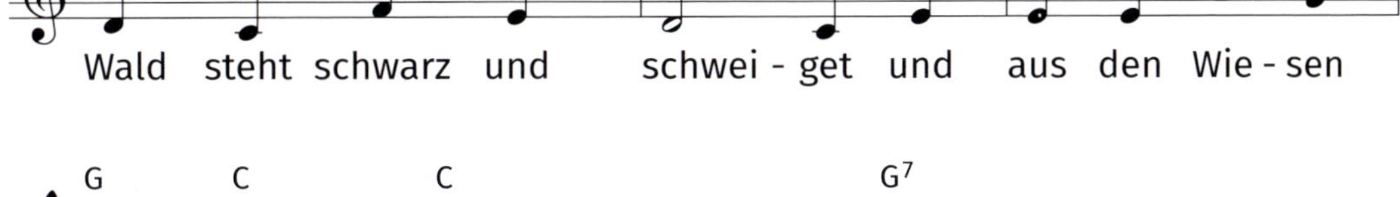

2. Wie ist die Welt so stille
und in der Dämmrung Hülle so traulich und
so hold als eine stille Kammer,
wo ihr des Tages Jammer
verschlafen und vergessen sollt.

3. Seht ihr den Mond dort stehen?
Er ist nur halb zu sehen
und ist doch rund und schön.
So sind wohl manche Sachen,
die wir getrost belachen,
weil unsre Augen sie nicht sehn.

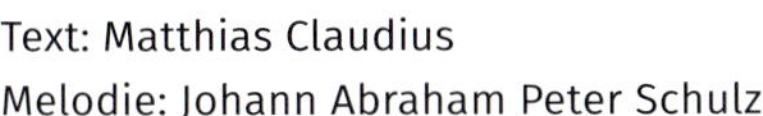
Text: Matthias Claudius
Melodie: Johann Abraham Peter Schulz

WEISST DU, WIE VIEL STERNLEIN STEHEN?

2. Weißt du wie viel Mücklein spielen
in der heißen Sonnenglut,
wie viel Fischlein auch sich kühlen
in der hellen Wasserflut?
Gott der Herr rief sie beim Namen,
dass sie all ins Leben kamen,
dass sie nun so fröhlich sind,
dass sie nun so fröhlich sind.

3. Weißt du, wie viel Kinder frühe
stehn aus ihrem Bettlein auf,
dass sie ohne Sorg und Mühe
fröhlich sind im Tageslauf?
Gott im Himmel hat an allen
seine Lust, sein Wohlgefallen,
kennt auch dich und hat dich lieb,
kennt auch dich und hat dich lieb.

Volkslied
Text: Wilhelm Hey

KINDER
BIBEL
ERZÄHLUNGEN

BEATRIX MOOS
ILSETRAUD KÖNINGER

KINDERBIBELERZÄHLUNGNEN
ALTES TESTAMENT

GOTT ERSCHAFFT DIE WELT

Die Erde war ein Chaos, noch ganz leer, nur Wasser und Finsternis. Doch Gottes Geist schwebte über der Urflut. Gott sprach: „Es werde Licht!“ Und es wurde Licht. Und Gott sah: Das Licht war gut. Er trennte das Licht von der Finsternis. Gott nannte das Licht Tag und die Finsternis nannte er Nacht. Es wurde Abend und es wurde Morgen: erster Tag.

GOTT ERSCHAFFT HIMMEL UND ERDE

Dann sprach Gott: „Ein Gewölbe entstehe mitten im Wasser und trenne das Wasser oben vom Wasser unten.“ So geschah es. Gott nannte das Gewölbe Himmel. Es wurde Abend und es wurde Morgen: zweiter Tag.

Dann sprach Gott: „Das Wasser sammle sich an einem Ort, damit das Trockene sichtbar werde.“ So geschah es.
Das Trockene nannte Gott Land, das angesammelte Wasser nannte er Meer. Gott sah, dass es gut war. Dann sprach Gott: „Das Land lasse alle Arten von Pflanzen und von Bäumen wachsen, die Früchte bringen und Samen tragen.“ So geschah es. Gott sah, dass es gut war. Es wurde Abend und es wurde Morgen: dritter Tag.
Dann sprach Gott: „Lichter sollen am Himmel sein, um Tag und Nacht zu trennen. Sie sollen über die Erde leuchten und Tage, Jahre und Festzeiten

bestimmen." So geschah es. Gott machte die Sonne für den Tag, für die Nacht den Mond und die Sterne. Gott sah, dass es gut war. Es wurde Abend und es wurde Morgen: vierter Tag.
GENESIS 1,1–19

GOTT ERSCHAFFT DIE TIERE UND DIE MENSCHEN

Dann sprach Gott: „Das Wasser wimmle von Fischen und Wassertieren. Vögel sollen über dem Land dahinfliegen." Gott schuf alle Arten von Seetieren und gefiederten Vögeln. Gott sah, dass es gut war. Gott segnete sie und sprach: „Seid fruchtbar und vermehrt euch!" Es wurde Abend und es wurde Morgen: fünfter Tag.

Dann sprach Gott: „Das Land bringe alle Arten von Tieren hervor." So geschah es. Gott machte alle Arten von Tieren auf der Erde, große und kleine. Gott sah, dass es gut war.

Dann sprach Gott: „Ich will Menschen machen mir ähnlich." Gott schuf Menschen als sein Bild, als Bild Gottes – männlich und weiblich – schuf er sie. Gott segnete sie und sprach zu ihnen: „Seid fruchtbar und bevölkert die Erde! Für sie seid ihr verantwortlich. Kümmert euch um die Fische, die Vögel und um alle Landtiere! Die Pflanzen gebe ich euch und allen Tieren zur Nahrung." So geschah es. Gott sah alles an, was er gemacht hatte: Es war sehr gut. Es wurde Abend und es wurde Morgen: sechster Tag.
GENESIS 1,20–31

EIN GANZ BESONDERER TAG

So wurden Himmel und Erde geschaffen und alles, was da ist. Am siebten Tage ruhte Gott, da er alles vollendet hatte. Und Gott segnete den siebten Tag als heiligen Tag, denn an ihm ruhte Gott, nachdem er das ganze Werk der Schöpfung vollendet hatte. Dieser Tag ist ein heiliger Tag auch für uns Menschen, ein Tag zum Ausruhen, ein Tag zum Feiern, ein besonderer Tag.
GENESIS 2,1–3

Die Geschichte von der Erschaffung der Menschen wird in der Bibel noch einmal erzählt, diesmal etwas anders:

ADAM UND EVA IM PARADIES

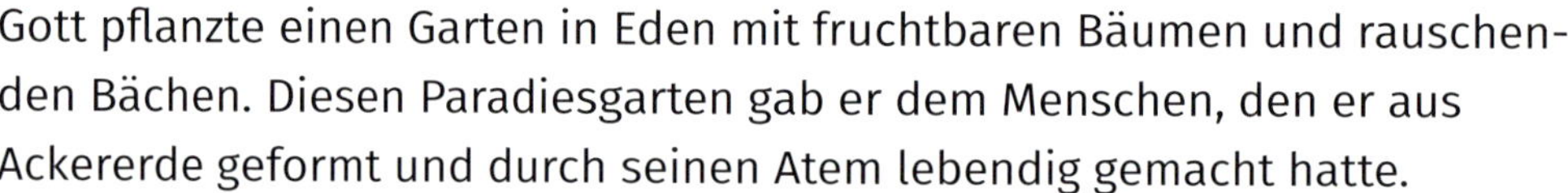

Gott pflanzte einen Garten in Eden mit fruchtbaren Bäumen und rauschenden Bächen. Diesen Paradiesgarten gab er dem Menschen, den er aus Ackererde geformt und durch seinen Atem lebendig gemacht hatte.

Und Gott sagte zum Menschen: „Bebaue, hüte und pflege diesen Garten! Von allen Bäumen darfst du essen, nur nicht vom Baum in der Mitte des Gartens, vom Baum der Unterscheidung von Gut und Böse. Diese Grenze sollst du anerkennen."

Noch war ein einziger Mensch im Paradies. Gott sprach zu ihm: „Es ist nicht gut, dass der Mensch allein bleibt. Ich will ihm eine Hilfe machen." Und Gott brachte dem Menschen Vögel des Himmels und Tiere des Feldes. Nun lebte der Mensch mit den Tieren zusammen und gab ihnen Namen.

Aber er spürte: Ich bin ein anderes Wesen. Ich fühle mich immer noch einsam. Da ließ Gott auf dieses Menschenwesen einen tiefen Schlaf fallen und formte aus ihm zwei Menschen, einen Mann und eine Frau, Adam und Eva. Der Mensch jubelte: „Endlich bin ich nicht mehr allein. Ich habe

ein Gegenüber. Wir sind verschieden, um einander zu ergänzen und zu helfen. Jetzt gehören wir zusammen."
GENESIS 2,7–23

DAS PARADIES IST VERLOREN

In dem Garten lebte auch ein besonders schlaues Tier, die Schlange. Sie zeigte Eva die prächtigen Früchte vom Baum in der Mitte und flüsterte: „Wenn ihr davon esst, werdet ihr klug, ihr werdet sein wie Gott und könnt beurteilen, was gut und was böse ist." Eva gefielen diese Früchte viel besser als alle anderen, und besonders klug wollte sie auf jeden Fall werden. Sie pflückte, aß und gab auch Adam davon. Und auch Adam aß. In diesem Augenblick merkten sie, dass sie etwas getan hatten, was ihnen nicht zustand. Sie hatten eine Grenze überschritten, die Gott ihnen gesetzt hatte.

Alles, was zuerst ganz einfach hell, gut und schön war, offenbarte nun auch eine dunkle, „böse" Seite. Die beiden kamen sich plötzlich ganz nackt und leer vor, schämten sich voreinander und versteckten sich vor Gott. Vor ihm standen sie nicht zu ihrer Tat, sondern schoben die Schuld einander zu, der Mann der Frau, die Frau der Schlange. Alles bekam einen Riss, war gut und bedrohlich zugleich: die fruchtbare Erde, die Freundschaft mit den Tieren, die Liebe zueinander, die Nähe Gottes. Die Menschen hatten das Paradies verloren. Sie lernten Mühe, Anstrengung, Schmerz, Streit, Leid und Tod kennen. Gott war traurig über seine Geschöpfe. Trotzdem sorgte er weiter für sie.
GENESIS 3,1–21

NOACH BAUT EINE ARCHE

Auf der Erde lebten vielerlei Tiere und viele Menschen, Männer, Frauen, Alte, Junge. Viele dieser Menschen waren gehässig, ja sogar gewalttätig zueinander. Sie stritten, bekriegten sich, nahmen einander weg, was jeweils dem anderen gehörte. Sie redeten hässlich übereinander und wollten immer selbst an erster Stelle stehen. Es machte ihnen nichts aus, wenn manche verhungern oder erfrieren mussten. Ja, sie quälten andere sogar und töteten sie.

Sie hatten Gottes schöne Welt zu einer Trauerwelt gemacht. Das tat Gott im Herzen weh. Er war zornig und wollte nicht, dass die Menschen länger so weitermachen.

Einen aber gab es, der war nicht so wie die andern: Noach. Gott schaute auf ihn. Mit seiner Hilfe wollte er die Trauerwelt wieder in eine Freudenwelt verwandeln.

Er sprach zu Noach: „Baue ein großes Haus – ein Schiff, eine Arche für dich, deine ganze Familie und für viele Tiere. Von allen Tieren nimm ein Paar mit in die Arche, damit sie mit euch am Leben bleiben. Denn eine große Flut wird über die Erde kommen, die alles Böse fortschwemmt." Noach tat alles genauso, wie Gott wollte.

GENESIS 6,1–7.13–22

DIE GROSSE FLUT

Dann fing es an zu regnen. Es regnete und regnete. Es regnete vierzig Tage und vierzig Nächte. Die Flüsse traten über die Ufer. Das Meer brauste heran und überschwemmte das ganze Land. Die Arche aber schwamm sicher auf den todbringenden Fluten. Noach und alle, die mit ihm in der Arche waren, wurden erettet.

Endlich hörte der Regen auf, das Wasser sank, und die Arche blieb auf einem Berg stehen. Noach öffnete das Fenster und ließ einen Raben hinausfliegen, dann eine Taube. Aber sie kamen wieder zurück, weil noch viel Wasser über der Erde stand. Nach sieben Tagen brachte die Taube im Schnabel einen frischen Ölzweig. Jetzt wusste Noach: Neues Leben hat auf der Erde begonnen.

GENESIS 7,17–8,12

GOTT GIBT EIN VERSPRECHEN

Jetzt rief Gott: „Kommt alle heraus aus der Arche! Habt keine Angst! Seht meinen Regenbogen in den Wolken, der von der Erde bis in den Himmel reicht! Er soll ein Zeichen für mein Versprechen sein: Nie mehr wird eine so vernichtende Flut kommen. Solange die Erde besteht, sollen nicht aufhören Aussaat und Ernte, Kälte und Hitze, Sommer und Winter, Tag und Nacht." Gott segnete Noach und seine Kinder und sprach zu ihnen: „Seid fruchtbar, vermehrt euch und bevölkert die Erde!" Noach baute einen Altar und dankte Gott für die Rettung.

GENESIS UND 8,15–9,17

GOTT MUTET ABRAHAM UND SARA ETWAS NEUES ZU

In der Stadt Haran lebt Abraham mit seiner Frau Sara zusammen mit vielen Verwandten. Hier sind sie daheim, kennen sich in der Stadt aus, haben Freunde und Bekannte. Doch dann geschieht etwas ganz Erstaunliches und Erschreckendes.

Abraham spürt, dass Gott ihn ruft und zu ihm sagt: „Zieh weg aus deinem Land, weg aus deiner Stadt, weg von deinen Verwandten und Freunden! Lass alles zurück! Ich zeige dir ein neues Land. Dort wirst du Kinder bekommen und auch die werden wieder Kinder haben. Eine große Familie, ein großes Volk wird mit dir beginnen. Ich will dich segnen und du wirst zum Segen werden für alle Menschen."

Abraham hört das Unerhörte. Alles verlassen? Für ein unbekanntes Ziel? Auf einem gefahrvollen Weg?

Abraham lässt sich auf das Wagnis ein. Er zieht mit seiner Frau Sara fort aus seiner Heimat. Sein Neffe Lot geht mit ihm. Sie nehmen all ihre Tiere mit, ihre Zelte, ihre ganze Habe. Auch ihre Knechte und Mägde ziehen mit.

Abraham und Sara wissen nicht, was sie erwartet, wohin Gott sie führen wird. Aber sie vertrauen ihm. Sie glauben, dass Gott mit ihnen sein wird, was immer geschieht.

Sie wandern von Weideplatz zu Weideplatz. Sie wandern viele Tage, viele Nächte.

Endlich gelangen sie in das ferne Land Kanaan und Gott sagt zu Abraham und seiner Frau: „Dieses Land will ich euch und euren Kindern geben."

GENESIS 12,1–7

ABRAHAM HAT VERTRAUEN IN GOTT

Gott hat Abraham und Sara eine große Familie versprochen. Aber die beiden sind bereits sehr alt und immer noch kinderlos. Darüber sind sie sehr traurig. Abraham klagt Gott seinen Kummer und erinnert ihn an sein Versprechen.

Da führt Gott ihn des Nachts hinaus aus dem Zelt und lenkt seinen Blick zum Himmel: „Abraham, schau zum Himmel empor! Siehst du die vielen Sterne? Es sind viel mehr, als du zählen kannst. So zahlreich werden einmal deine Nachkommen sein." Abraham glaubt und vertraut Gott.

ÜBERRASCHENDE GÄSTE BEI ABRAHAM UND SARA

Eines Tages sitzt Abraham in der Mittagshitze vor seinem Zelt bei den Eichen von Mamre. Da sieht er drei Männer vor sich stehen. Er läuft auf sie zu und lädt sie ein: „Seid doch so freundlich und geht nicht an mir vorbei. Ich lasse euch Wasser bringen; dann könnt ihr eure müden Füße waschen und euch unter dem Baum ausruhen. Auch will ich euch eine kleine Stärkung holen, ehe ihr weitergeht."

Abraham eilt ins Zelt zu Sara und ruft: „Schnell, backe Brotfladen! Wir haben Gäste." Einen Knecht beauftragt er, einen zarten Braten zu bereiten.

Ob Abraham merkt, dass himmlische Boten bei ihm eingekehrt sind, wie er ihnen Brot, Butter, Milch und Braten auftischt?
Nach dem Mahl fragen die Gäste Abraham: „Wo ist deine Frau Sara?" „Dort im Zelt", antwortet er. Da überraschen sie ihn mit einem erstaunlichen Versprechen: „In einem Jahr kommen wir wieder zu dir, dann wird Sara einen Sohn haben."

Am Zelteingang hat Sara heimlich dem Gespräch der Männer gelauscht. Wie sie diese Vorhersage hört, lacht sie still vor sich hin: „So eine alte Frau wie ich kann doch kein Kind mehr bekommen, das ist ja zum Lachen." „Warum lacht Sara?", fragen die Boten, „ist denn für Gott etwas unmöglich?" Sara bekommt Angst: „Ich habe doch nicht gelacht." Sie aber sagen zu ihr: „Doch, Sara, du hast gelacht."
GENESIS 15,1–6 UND 18,1–15

GOTT SCHENKT LACHEN

So wie es Gott durch seine Boten angekündigt hatte, geschieht es. Sara wird schwanger. Und Freude und Lachen kehrt im Hause Abraham ein, als Sara in ihrem hohen Alter einen Sohn auf die Welt bringt. Sie nennen ihn Isaak – das bedeutet: Gott schenkt uns Lachen. Sara jubelt: „Gott ließ mich lachen; und jeder, der davon hört, wird mit mir lachen. Ich habe das Kind geboren, das Gott uns versprochen hat." Abraham und Sara danken Gott und feiern ein großes Freudenfest.
GENESIS 21,1–8

ISRAEL IN ÄGYPTEN

Sehr viele Jahre sind vergangen. Abrahams Familie ging nach Ägypten und ist dort ein großes Volk geworden, das Volk Israel, Gottes Volk.

Und so spricht der neue Pharao zu seinem Volk: „Das Volk der Israeliten wird größer und stärker als unser eigenes. Das können wir nicht zulassen. Wir wollen sie durch schwere Arbeit unter Druck setzen. Sie sollen für mich die Städte Pitom und Ramses als Vorratslager erbauen."

So werden die Israeliten zu Sklaven des Pharao. Sie müssen schwerste Arbeit leisten auf den Feldern und bei der Verarbeitung von Lehm zur Herstellung von Ziegeln. Grausame Aufseher machen ihnen das Leben unerträglich.

Doch je mehr die Israeliten unterdrückt werden, umso stärker und zahlreicher wird ihr Volk. Da packt die Ägypter das Grauen und der Pharao befiehlt den hebräischen Hebammen Schifra und Pua: „Tötet alle Knaben der Hebräer gleich nach der Geburt! Nur die Mädchen lasst am Leben!"

Schifra und Pua aber gehorchen dem Pharao nicht und schonen das Leben der kleinen Jungen. Da hetzt der Pharao das ganze Volk auf: „Nehmt den hebräischen Müttern die neugeborenen Jungen weg und werft sie in den Nil!"
EXODUS 1,1–22

DIE LIST EINER SCHLAUEN MUTTER

Eine unter den vielen israelitischen Müttern will ihren neugeborenen Sohn unbedingt retten. Sorge und Angst bringen sie auf die Idee, ihn in ein wasserdichtes Binsenkästchen zu legen und dieses im Schilf am Ufer des Nils zu verstecken. Die große Schwester bleibt in der Nähe und passt auf.

Da aber kommt die Tochter des Pharao an den Nil zum Baden und findet das Kästchen mit dem weinenden Kind. „Das ist ein Kind der Israeliten", ruft sie, „ich will es behalten." Die Schwester des Kleinen eilt voll Freude herbei und bietet ihre Hilfe an: „Ich weiß eine Frau, die das Kind für dich stillen kann." Die Tochter des Pharao ist damit einverstanden.

Eilends holt das Mädchen seine Mutter, die jetzt ihr Kind versorgen darf, bis es groß und kräftig geworden ist. Dann bringt sie es in den Harem zur Pharaonentochter. Die nimmt den kleinen Jungen als Sohn an und nennt ihn „MOSE", was so viel bedeutet wie „ich habe dich aus dem Wasser gezogen".
EXODUS 2,1–10

MOSE MUSS FLIEHEN UND GRÜNDET EINE FAMILIE

Mose wächst am Königshofe heran, aber er hat die Verbindung zu seinem israelischen Volk nicht verloren. Eines Tages spielt sich vor seinen Augen Schlimmes ab: Ein ägyptischer Aufseher verprügelt brutal einen seiner Stammesbrüder, einen Hebräer. Mose glaubt sich unbeobachtet. In rasender Wut tötet er den Ägypter und verscharrt ihn im Sand.
Am andern Tag jedoch muss er erfahren, dass seine Tat gesehen worden ist. Auch der Pharao hört von diesem Vorfall und will Mose töten. Voller Angst flieht Mose fort aus Ägypten und gelangt schließlich in das Land Midian.

Ratlos und erschöpft von seiner Flucht, setzt sich Mose in Midian an einen Brunnen. Da kommen sieben Mädchen zum Wasserschöpfen, um die Schafe und Ziegen ihres Vaters zu tränken. Zu ihrem Schrecken jedoch tauchen Hirten auf und wollen sie verdrängen. Sogleich ist Mose zur Stelle, beschützt die Mädchen vor den Männern und tränkt ihre Tiere.

Daheim erzählen die Mädchen ihrem Vater, dem Priester von Midian, was am Brunnen geschehen ist. Der schüttelt den Kopf: „Warum habt ihr den hilfreichen Mann am Brunnen sitzen lassen? Holt ihn schnell und ladet ihn zum Essen ein!“

So kommt Mose in die Familie des Priesters Jitro. Er entschließt sich, als Viehhirte bei Jitro in Midian zu bleiben, heiratet seine Tochter Zippora und bekommt mit ihr Kinder.
EXODUS 2,11–22

MOSE WIRD VON GOTT GERUFEN

Eines Tages weidet Mose die Schafe und Ziegen seines Schwiegervaters Jitro und treibt sie weit hinter die Wüste. Dort entdeckt er einen Dornbusch, der brennt und doch nicht verbrennt. „Ich will hingehen und schauen", entschließt sich Mose, „wie kann es sein, dass der Dornbusch nicht verbrennt?"

Da vernimmt er plötzlich eine Stimme: „Mose! Mose!" „Ja, da bin ich!", antwortet er und hört: „Komm nicht näher heran! Zieh deine Sandalen aus, denn der Ort, auf dem du stehst, ist heiliger Boden! Ich bin der Gott deiner Väter Abraham, Isaak und Jakob. Ich habe wohl gesehen, wie mein Volk in Ägypten unterdrückt wird. Seine Klagen und seine Hilfeschreie habe ich gehört. Ja, ich weiß um seine Leiden. Ich will es befreien aus der Hand der Ägypter und in ein schönes, weites Land bringen. Und du, Mose, sollst mein Volk aus Ägypten herausführen."

Erschrocken fragt Mose: „Was soll ich denn den Israeliten sagen? Ich kenne ja nicht einmal deinen Namen." Da antwortet ihm Gott: „Ich bin JAHWE, das bedeutet: Ich bin da für euch. Ich werde bei euch sein, was immer geschieht. Ich bin für euch da – zu allen Zeiten und an allen Orten. Und jetzt geh! Ich sende dich zum Pharao. Sage ihm: Lass mein Volk fortziehen aus deinem Land!"
EXODUS 3,1–10.13–15

MOSE UND AARON VOR DEM PHARAO

Angst überfällt Mose. Zum Pharao gehen? Das traut er sich nicht. Dessen Macht ist groß und sein Kriegsheer schrecklich. Und vor seinem Vorgänger ist er ja einst geflohen.

Bedenken über Bedenken breitet Mose vor Gott aus: „Wer bin ich armer Hirte denn, dass ich vor den mächtigen Pharao treten soll? Und überdies kann ich nicht gut reden. Das ist mir schon immer schwergefallen. Schick doch einen andern – nur nicht mich!"

Doch Gott lässt diese Ausflüchte nicht gelten. „Nimm deinen Bruder Aaron mit. Der kann reden", sagt er zu Mose. „Gehen musst du", befiehlt er ihm. „Und hab keine Angst! Ich werde mit euch sein und euch zeigen, was ihr reden und tun sollt."

Mose kann dem Auftrag Gottes nicht ausweichen. Er holt seine Frau und seine Kinder und kehrt nach Ägypten zurück. Mit Aaron zusammen tritt er vor den Pharao mit den Worten: „So spricht unser Gott: Lass mein Volk ziehen!" Der Pharao aber spottet: „Ich kenne euren Gott nicht, und ich denke gar nicht daran, euch ziehen zu lassen. Ihr seid nur faul und wollt euch vor der Arbeit drücken."

Und er lässt die Israeliten noch mehr arbeiten und noch härter bestrafen. Da beschuldigen die Stammesbrüder Mose und Aaron: „Seit ihr zum Pharao gegangen seid, behandelt er uns noch viel schlechter."
EXODUS 4,1–16 UND 5

GOTT SCHICKT PLAGEN ÜBER ÄGYPTEN

Gott aber ist auf der Seite seines Volkes und schickt den Ägyptern und ihrem König schlimme Plagen: Das Wasser des Nils beginnt zu faulen, sodass die Fische sterben. Frösche und Heuschrecken überfallen das ganze Land; Ungeziefer, Stechmücken, Krankheiten und Seuchen plagen Menschen und Tiere. Dazu kommen Unwetter, Hagelstürme und eine dreitägige Finsternis.

Immer, wenn ein Unglück über Ägypten hereinbricht, zeigt sich der Pharao bereit, die Israeliten ziehen zu lassen. Kaum aber ist die Plage vorüber, bricht er immer wieder sein Versprechen.
EXODUS 7–10

DER AUSZUG AUS ÄGYPTEN

Da befiehlt Gott dem Mose: „Das Volk soll sich reisefertig machen und in Eile ein gebratenes Lamm mit ungesäuertem Brot und Bitterkräutern essen. Alle sollen mit dem Blut des Lammes Schutzzeichen an ihre Türen malen, denn in der bevorstehenden Nacht werden in Ägypten alle erstgeborenen Tiere und alle erstgeborenen Söhne sterben, auch der älteste Sohn des Pharao. Euch aber wird das Unheil nicht treffen."

Wie angekündigt, ertönt dann um Mitternacht in ganz Ägypten ein großes Wehklagen. Voll Entsetzen lässt der Pharao Mose und Aaron rufen und schreit: „Auf! Verlasst sofort unser Land! Folgt eurem Gott!"
Noch in derselben Stunde eilen die Israeliten fort aus Ägypten, JAHWE zieht vor ihnen her, bei Tag in einer Wolkensäule, die den Weg zeigt, bei Nacht in einer Feuersäule, die ihnen leuchtet.

Doch wiederum ändert der Pharao seine Meinung: „Wie konnten wir die Israeliten nur fortziehen lassen?", greift er sich an den Kopf, „wer soll jetzt die

schwere Arbeit machen? Schnell, Soldaten! Besteigt eure besten Streitwagen, jagt ihnen nach, fangt sie und bringt sie alle zurück!"
EXODUS 12 UND 14,5–9

GOTT RETTET ISRAEL AM SCHILFMEER

Die Israeliten lagern gerade am Meer. Plötzlich sehen sie, wie die ägyptische Streitmacht anrückt. In ihrer Angst schreien sie zu Gott um Hilfe. Mose aber macht ihnen Mut: „Fürchtet euch nicht! Bleibt stehen und schaut zu, wie JAHWE euch rettet!"

Und wirklich: Die Wolkensäule wechselt ihren Platz und tritt zwischen sie und das tobende Kriegsheer der Ägypter. Ein starker Wind trocknet einen Weg frei, mitten durch das Meer.

Sicher gelangt das Volk Gottes ans andere Ufer. Die Soldaten wollen nachjagen. Das Wasser aber kehrt zurück und versetzt die Verfolger in Schrecken und Aufregung. Mit ihren schweren Streitwagen bleiben sie im Schlamm stecken.

Als die Israeliten das sehen, fürchten sie sich sehr. Sie vertrauen jedoch darauf, dass JAHWE bei ihnen ist und dass Mose sie sicher weiterführen wird.

Und die Prophetin Mirjam, die Schwester von Mose und Aaron, nimmt auf einmal die Pauke in die Hand, beginnt vor Freude zu singen und zu tanzen, und alle Frauen machen mit.

Mirjam jubelt: „Singet JAHWE ein Dankeslied! Ja, er ist groß! Er hat uns gerettet vor Rossen und Reitern." So rettete JAHWE an diesem Tage Israel aus der Hand der Ägypter.
EXODUS 14,10–29 UND 15,20–21

KINDERBIBELERZÄHLUNGEN
NEUES TESTAMENT

DIE BOTSCHAFT GABRIELS AN MARIA

Gott schickt den Engel Gabriel nach Nazaret in Galiläa zu dem jungen Mädchen Maria. Sie ist verlobt mit Josef, einem Nachkommen des Königs David. Der Engel tritt bei Maria ein und begrüßt sie: „Sei gegrüßt, Maria, Gott ist mit dir.“ Maria erschrickt. Sie versteht nicht, was sich da gerade ereignet.

„Fürchte dich nicht, Maria!“ Mit diesen Worten will Gabriel ihren Schrecken mildern. Und dann fährt er fort: „Gott hat Großes mit dir vor. Du wirst einen Sohn zur Welt bringen. Dem sollst du den Namen Jesus geben – das bedeutet: JAHWE hilft. Er wird ein Großer sein und Sohn Gottes genannt werden. Und er wird der erwartete Retter sein, der Messias-König.

Maria fragt ganz erstaunt: „Wie soll das geschehen? Ich bin ja noch gar nicht verheiratet.“ „Heiliger Geist wird über dich kommen“, antwortet der Engel, „darum wird auch dein Kind heilig und Sohn Gottes genannt werden. Schau, auch deine

Kusine Elisabet erwartet noch ein Kind und ist bereits im sechsten Monat schwanger, obwohl sie schon so alt ist. Bei Gott ist nichts unmöglich."
Maria glaubt und vertraut dem Engel und stimmt zu: „Ja, ich verlasse mich auf meinen Gott. Mir soll geschehen, wie du gesagt hast."
LUKAS 1,26–38

JOSEF ERFÄHRT SEINE AUFGABE IM TRAUM

Josef, der Verlobte Marias, hat gemerkt, dass seine Braut schwanger ist. Er weiß nicht, wie das geschehen konnte. Weil er Maria nicht blamieren will, geht er mit dem Gedanken um, sich in aller Stille von ihr zu trennen.

Doch da erscheint ihm im Traum ein Engel und spricht ihn an: „Josef, Sohn Davids, fürchte dich nicht, Maria als deine Frau zu dir zu nehmen. Sie ist dir nicht untreu geworden. Das Kind, das sie erwartet, ist ein Geschenk aus der Geistkraft Gottes. Sie wird einen Sohn bekommen. Den sollst du als dein Kind annehmen und ihm den Namen „Jesus" geben – das bedeutet: JAHWE rettet –, denn er wird sein Volk retten aus aller Schuld. Das alles wird geschehen, wie es schon durch die Propheten verkündet wurde: „Seht, die junge Frau wird einen Sohn gebären und seinen Namen wird man rufen: Immanuel, das bedeutet: Mit uns ist Gott."

Josef erwacht und handelt so, wie der Engel ihm im Traum befohlen hat: Er nimmt Maria als seine Frau zu sich.
MATTHÄUS 1,18–24

DIE GEBURT JESU

Kurz vor der Geburt ihres Kindes muss Maria mit ihrem Mann Josef eine weite Reise zu Fuß machen. Der Kaiser Augustus hat allen Männern befohlen, sich in der Stadt ihrer Herkunft zu melden und in Steuerlisten eintragen zu lassen. Josef stammt von der Familie Davids ab und muss deshalb in die Davidsstadt Betlehem.

In Betlehem sind aber wegen der Volkszählung alle Herbergen überfüllt. Nirgends finden Josef und Maria eine dringend benötigte Unterkunft. So muss Maria ihren Sohn in einer Stallhöhle zur Welt bringen. Sie wickelt ihn in Windeln und legt ihn in einen Futtertrog.
LUKAS 2,1–7

HIRTEN WIRD DIE FROHE BOTSCHAFT VERKÜNDET

In der Gegend von Betlehem hüten Hirten auf den Feldern ihre Schafe und halten Nachtwache zum Schutz für ihre Herden. Plötzlich schrecken sie auf. Licht umstrahlt sie und sie hören die Stimme eines leuchtenden Engels, der ihnen zuruft: „Fürchtet euch nicht! Ich bringe euch große Freude, euch und dem ganzen Volk. Heute ist euch der Retter geboren, der Messias. Und das sei euch zum Zeichen: Ein Neugeborenes werdet ihr finden, das in Windeln gewickelt ist und in einem Futtertrog liegt."

Und dann erscheint ihnen plötzlich eine große Engelschar, die Gott lobt und singt: „Ehre sei Gott in der Höhe und Friede den Menschen auf Erden!“

Kaum sind die Engel ihren Augen entschwunden, rufen die Hirten einander zu: „Kommt schnell! Lasst uns hinüber nach Betlehem laufen und sehen, was dort geschehen ist und was Gott uns kundgetan hat!“

Sie eilen nach Betlehem und finden dort tatsächlich Maria und Josef und im Futtertrog das Neugeborene. Alles, was ihnen der Engel über das Kind gesagt hat, berichten sie Maria und Josef zu deren großer Verwunderung. Dann kehren sie voll Freude zu ihren Herden zurück. Sie loben Gott und danken ihm für alles, was sie hören und sehen durften.
Auch Maria ist glücklich. Sie denkt über alles nach, was geschehen ist, und bewahrt es in ihrem Herzen.
LUKAS 2,8–20

STERNDEUTER AUF DER SUCHE

Weit weg im Morgenland leben gelehrte Männer, die in jahrelangem Forschen und Beobachten sich großes Wissen über die Gestirne angeeignet haben. Sie entdecken eines Nachts am Himmel einen neuen, wundervoll leuchtenden Stern, den sie zuvor noch nie gesehen hatten. „Das ist ein Königsstern", sagen sie zueinander, „irgendwo muss ein neuer König geboren sein. Wir wollen nach ihm suchen."

Geführt von diesem von ihnen entdeckten Stern, machen sie sich auf den Weg. Er geleitet sie in das jüdische Land. Dort fragen sie überall herum: „Wo ist der neugeborene König der Juden? Wir haben seinen Stern im Morgenland aufgehen sehen und sind gekommen, um uns tief vor ihm zu verneigen."

Wie der König Herodes das erfährt, erschrickt er und empört sich: „Ein neuer König? Das darf nicht sein! Ich allein bin König in Judäa. Ein neugeborenes Königskind werde ich nicht am Leben lassen." Er erkundigt sich bei seinen Schriftgelehrten: „Wo soll der Messiaskönig geboren werden? Forscht sofort nach!" – „In Betlehem", bekommt er zu hören, „so steht es in unseren heiligen Schriften."

Herodes lässt die Sterndeuter aus dem Morgenland heimlich zu sich kommen, horcht sie aus und entlässt sie mit dem Auftrag: „Geht in die Stadt Betlehem und sucht dort nach dem Kind!" Und heimtückisch fügt er noch dazu: „Kommt dann wieder zu mir zurück und sagt mir, wo ich es finden kann. Dann will auch ich hingehen und es anbeten."

Die Sterndeuter verlassen Jerusalem und siehe da, der Stern, den sie aus den Augen verloren hatten, wird wieder sichtbar. Die Freude darüber macht ihnen den Rest des Weges leicht bis Betlehem. Schließlich bleibt der Stern genau über dem Ort stehen, wo das Kind ist. Endlich sind sie am Ziel ihres langen Weges und überglücklich betreten sie das Haus, finden dort das Kind Jesus und seine Mutter Maria, werfen sich nieder, wie das Sitte ist, und verneigen sich ehrfurchtsvoll. Dann öffnen sie ihre Schatztruhen und breiten ihre Geschenke aus: ein Kästchen mit Gold, eine Schale voll Weihrauch und ein Gefäß mit Myrrhe.

In der Nacht vernehmen sie im Traum eine Stimme: „Geht nicht zum König Herodes zurück! Er will das Kind nicht anbeten, sondern umbringen!" So kehren sie auf einem anderen Weg heim in ihr Land.
MATTHÄUS 2,1–12

DER ZWÖLFJÄHRIGE JESUS MACHT SICH SELBSTSTÄNDIG

Wie alle Juden pilgern Maria und Josef jedes Jahr zum Paschafest nach Jerusalem. Mit zwölf Jahren wird Jesus, wie alle jüdischen Jungen, ein „Sohn des Gesetzes" – ein „BAR MIZWA" – und wandert deshalb selbstverständlich mit in die Heilige Stadt. Dort wimmelt es von Wallfahrern. Im allgemeinen Trubel verliert man sich leicht aus den Augen. Unmittelbar nach den Feierlichkeiten machen sich die Pilger wieder in Gruppen auf den Heimweg. „Ich habe Jesus den ganzen Tag nicht gesehen", sorgt sich Maria. „Er wird wohl bei den anderen Jungen sein", meint Josef. Doch da ist er nicht, auch nicht bei den Verwandten, nicht bei Freunden und Nachbarn. „Wir müssen sofort zurück nach Jerusalem!", sorgen sich die Eltern.

In der ganzen Stadt suchen sie vergebens. Endlich nach drei angstvollen Tagen finden sie den Ausreißer: Er sitzt im Tempel mitten unter den Schriftgelehrten, hört ihnen aufmerksam zu, stellt kritische Fragen und beteiligt sich zum Erstaunen aller klug und verständig an der Diskussion. Maria ist ungehalten und ärgerlich und macht ihm Vorwürfe: „Kind, warum hast du uns das angetan? Dein Vater und ich suchen schon seit drei Tagen nach dir. Wir haben uns große Sorgen um dich gemacht." Jesus gibt ihnen eine völlig unverständliche Antwort: „Warum habt ihr mich gesucht? Habt ihr denn nicht gewusst, dass ich im Haus meines Vaters sein muss?" Seine Eltern sind sprachlos, sie begreifen nicht, was er damit sagen will. Maria wird sehr nachdenklich, sie bewahrt alles in ihrem Herzen.

Gemeinsam kehren sie zurück nach Nazaret und Jesus hört wieder auf seine Eltern. Er wird von Tag zu Tag nicht nur größer und älter, sondern auch klüger und verständiger – zur Freude seiner Eltern und seiner Umgebung.
LUKAS 2,41–52

JESUS BRINGT DIE FROHE BOTSCHAFT

Als Jesus ein junger Mann ist, beginnt er in Galiläa von Ort zu Ort zu wandern und bringt zu den Leuten die tröstliche Botschaft: „Gottes Liebe ist euch nahe." Zum Zeichen dafür legt er Kranken die Hände auf, spricht den Verzweifelten neuen Mut zu, leiht den Betrübten sein Ohr und zeigt durch sein Wort und sein Tun, dass Gott bei ihnen ist. Am Sabbat geht er regelmäßig in die Synagogen von Galiläa. Oft spricht er dort mit den Menschen über die Worte, die ihnen aus der Heiligen Schrift vorgelesen werden.

„Jetzt ist die Zeit gekommen, auf die ihr immer gewartet habt", ermutigt er alle. „Das Reich Gottes ist da – mitten unter euch – mitten in euch. Denkt anders von Gott als bisher! Ihr braucht vor ihm keine Angst zu haben – auch wenn ihr etwas falsch gemacht habt, auch wenn ihr klein, arm oder krank seid. Seine Güte und Liebe ist jeden Tag aufs Neue für euch da, glaubt fest daran!"
MARKUS 1,14–15

JESUS RUFT MENSCHEN AUF SEINEN WEG

Am See Gennesaret kommen immer mehr Menschen zu Jesus. Alle wollen ihn hören und sehen. Es gibt ein großes Gedränge. Da entdeckt Jesus Fischerboote am Ufer und zwei Männer, die ihre Netze waschen. Er bittet den Fischer Simon: „Fahr mich mit deinem Boot ein Stück hinaus! Vom Wasser aus können mich die vielen Leute besser sehen und hören." Vom Boot aus spricht Jesus von Gottes Liebe zu ihnen. Die Leute hören aufmerksam zu und gehen gestärkt und getröstet nach Hause.

Am Mittag fordert Jesus Simon auf: „Fahrt hinaus auf den See und werft eure Netze zum Fang aus!" Simon schüttelt den Kopf und wundert sich: „Jetzt am hellen Tag? Wir haben doch die ganze Nacht gefischt und nichts gefangen. Nun gut, wenn du es sagst, wollen wir es noch mal versuchen." Simon und sein Bruder Andreas fahren daraufhin los und werfen ihre Netze aus. Und – sie können es kaum glauben – sie fangen so viele Fische, dass ihre Netze fast zerreißen.

Deshalb winken sie ihren Freunden im anderen Boot: „Kommt und helft uns! Unser Fang ist so schwer, dass unser Kahn zu sinken droht."

Die Fischer staunen und erschrecken zugleich: „Wer ist dieser Jesus?", fragen sie sich. Simon fällt vor Jesus auf die Knie. Der aber sagt zu ihm: „Hab keine Angst! Von jetzt an wirst du nicht mehr Fische fangen, sondern Menschen zu Gott führen. Komm mit mir, Simon! Und auch du, Andreas! Und du, Johannes! Und du, Jakobus! Wir wollen gemeinsam den Menschen verkünden, wie sehr Gott uns liebt." Die vier Fischer lassen Boote und Netze liegen und gehen mit Jesus, sie werden seine Jünger.

LUKAS 5,1–11

DURCH DAS DACH ZU JESUS

Kaum ist Jesus wieder in Kafarnaum, laufen so viele Menschen zusammen, dass auch im Torhof kein freier Platz mehr ist. Vier Männer bringen einen Gelähmten auf einer Tragbahre herbei, können jedoch wegen des Gedränges nicht durch die Türe kommen. Was sollen sie machen? Sie decken einfach das Dach ab und lassen die Tragbahre mit ihrem kranken Freund ganz vorsichtig hinunter, gerade vor Jesus hin. Jesus staunt, wie umsichtig die Männer für ihren Freund sorgen. Er merkt auch, wie wichtig dem Gelähmten die Begegnung mit ihm ist. So beugt er sich zu ihm hinunter und muntert ihn auf: „Ich will dir helfen, damit du wieder Freude am Leben hast. Alles, was dich niederdrückt und traurig macht, alle deine Schuld ist von dir genommen."

Einige Schriftgelehrte hören diese Worte und denken bei sich: „Was redet der? Er lästert. Wer kann Sünden vergeben außer Gott?" Jesus durchschaut ihre Gedanken und richtet eine Frage an sie: „Was ist leichter zu sagen ‚Deine Sünden sind dir vergeben' oder ‚Auf, nimm deine Bahre und geh umher'? Damit ihr aber wisst, dass Gott mich gesandt hat, sage ich dir – Jesus wendet sich jetzt an den Kranken –: ‚Auf! Nimm deine Bahre und geh nach Hause!" Der Mann richtet sich auf, nimmt vor den Augen aller Umstehenden seine Bahre, geht nach Hause und beginnt ein neues Leben. Den Leuten bleibt vor Staunen der Mund offen und sie sagen zueinander: „So etwas haben wir noch nie gesehen."
MARKUS 2,1–12

JESUS IST BEI UNS IN STÜRMEN

Jesus hat den ganzen Tag mit den Leuten geredet, viele geheilt, ihnen Mut gemacht und sie so Gottes Liebe spüren lassen. Jetzt braucht er Ruhe. Er schlägt den Jüngern vor: „Lasst uns ans andere Ufer hinüberfahren!“ Sie steigen ins Boot und rudern los. Jesus ist sehr müde. Er legt sich auf ein Kissen und schläft gleich ein.

Mitten auf dem See bricht ein heftiger Wirbelsturm los. Blitze zucken, Donner grollt, die Wellen schlagen ins Boot. Es droht zu kentern. Doch Jesus schläft und schläft. Voller Angst wecken ihn seine Jünger und schreien: „Wie kannst du nur schlafen? Unser Boot geht unter. Wir werden alle ertrinken. Hilf uns doch!“

Jesus steht auf, droht dem Wind und den Wellen: „Schweigt, seid still!“ Der Wind legt sich und der See wird ganz ruhig. In die große Stille hinein hören die Jünger Jesu Worte: „Was seid ihr so feige und habt solche Angst? Warum vertraut ihr mir nicht? Ich bin doch bei euch.“

Voll Furcht und Staunen fragen die Jünger einander: „Wer ist doch dieser Jesus, dass auch Wind und Wellen auf ihn hören?“
MARKUS 4,38–41

DAS REICH GOTTES FÄNGT OFT GANZ WINZIG AN

Einmal zeigt Jesus denen, die gerade bei ihm sind, ein kleines Samenkorn, ein Senfkorn, und erzählt ihnen folgendes Gleichnis: „Das Reich Gottes lässt sich mit diesem Senfkorn vergleichen. Es ist noch winzig, ganz unscheinbar und fällt kaum ins Gewicht. Aber wenn es in die Erde gesät wird, dann bricht es auf, beginnt zu keimen, kommt ans Licht, wächst höher und höher, wird breiter und breiter. Immer mehr Blätter und Blüten sprossen hervor. Es treibt Zweige und wird zu einem Baum, so groß, dass in seinem Schatten die Vögel des Himmels nisten können."

Und Jesus fährt fort: „So ist es auch mit Gottes Reich. Ihr merkt es noch kaum, aber es ist schon da – noch so winzig wie das Senfkorn –, aber es wird wachsen und groß werden. Vertraut darauf!"
MATTHÄUS 13,31–32

IM REICH GOTTES SIND DIE KINDER WICHTIG

Zur Zeit Jesu spielen Kinder keine große Rolle. Sie sind einfach da, man nimmt ihre Mithilfe in Anspruch, vor allem für niedrige Dienste; man schickt sie weg, wenn sie stören; sie müssen den Eltern aufs Wort gehorchen. Arme Kinder werden zum Betteln geschickt und manche Eltern verkaufen sie sogar in die Sklaverei, um ihre Schulden bezahlen zu können.

Für Jesus aber sind die Kinder sehr wichtig. Eines Tages bringen Frauen ihre Kleinen zu ihm und wollen, dass er sie segnet und in seine Arme schließt. Die Jünger sind darüber sehr ungehalten und fahren sie schroff an: „Kindergeschrei – das hat gerade noch gefehlt. Verschwindet schleunigst! Jesus und wir alle brauchen jetzt Ruhe." Wie Jesus das hört, wird er sehr zornig über seine Jünger. „Lasst doch die Kinder zu mir kommen", herrscht er sie an, „schickt sie nicht weg! Ich mag Kinder, so wie sie nun einmal sind. Menschen wie ihnen gehört das Reich Gottes. Merkt euch das: Wer sich der Liebe Gottes, dem Reich Gottes, nicht öffnet wie ein Kind, dem bleibt es verschlossen." Mit diesen Worten lässt Jesus seine Jünger verblüfft stehen, geht auf die Kinder zu, spricht und lacht mit ihnen, umarmt jedes und legt zum Abschied jedem einzelnen Kind segnend die Hände auf den Kopf.

MARKUS 10,13–16

JESUS LEIDET UND STIRBT AM KREUZ

JESUS REITET AUF EINEM ESEL IN JERUSALEM EIN

Zusammen mit seinen Jüngerinnen und Jüngern wandert Jesus zum Paschafest nach Jerusalem. Auch dort möchte er die Menschen für Gott und sein Reich begeistern. Kurz bevor sie in der Stadt ankommen, schickt er zwei Jünger voraus, damit sie ein Eselsfüllen holen. Die beiden bringen den jungen Esel herbei, legen ihre Mäntel auf seinen Rücken und Jesus reitet auf ihm nach Jerusalem hinein, in die Königsstadt. Die Leute dort haben schon auf ihn gewartet. Sie begleiten ihn, breiten ihre Mäntel wie Teppiche vor ihm auf dem Boden aus, brechen Zweige von den Bäumen, streuen sie auf den Weg oder winken damit. Wie einem König jubeln sie Jesus zu und rufen: „Hosanna! Hosanna! (das heißt ungefähr so viel wie Hurra! Hurra!). Du, Jesus, kommst zu uns im Namen Gottes. Mit dir kommt das Reich Gottes zu uns. Hosanna, Hosanna!“
MARKUS 11,1–10

JESUS KÄMPFT FÜR DAS „HAUS GOTTES“

Dann begibt sich Jesus in den Tempel. Wenige Tage vor dem großen Paschafest herrscht dort Hochbetrieb wie auf einem Jahrmarkt. Pilger aus allen Städten und Dörfern strömen herbei. In das Durcheinander von Rufen der Tempeldiener, dem Schreien der Lastenträger und Lärmen der Händler mischt sich das Angstgeschrei der Opfertiere. Überall stößt man an Stände von Händlern, Taubenverkäufern, Geldwechslern. Alle wollen Geschäfte machen.

Dieses Treiben und die Geschäftemacherei erfüllt Jesus mit Zorn. Er treibt die Händler und Wechsler, die Käufer und Verkäufer hinaus, stößt wütend ihre Tische und Stühle um und ruft wie einst der Prophet Jeremia: „Das Haus Gottes soll ein Haus des Gebetes für alle Völker sein. Ihr aber habt es zu einer Räuberhöhle gemacht.“

Dieser Vorfall wird natürlich sofort den Hohenpriestern und Schriftgelehrten gemeldet. Die suchen immer dringender nach einer Möglichkeit, wie sie Jesus vernichten können. Noch haben sie jedoch Angst vor ihm, weil die Mehrheit der Leute von ihm und seinen Worten sehr beeindruckt sind.
MARKUS 11,15–19

DER TOD JESU IST BESCHLOSSEN

Jesus besucht Tag für Tag den Tempel, spricht dort mit den Menschen, die mit ihren Fragen und Problemen zu ihm kommen, bereichert sie mit Gleichnissen und Geschichten vom Reich Gottes.

Das allerdings missfällt den mächtigen Führern der Stadt, den Hohenpriestern und den Mitgliedern des Hohen Rates. Sie beraten untereinander: „Was sollen wir tun? Wenn wir diesen Jesus gewähren lassen, werden viele nur noch auf ihn hören und nicht mehr auf uns, die Führer des Volkes. Außerdem besteht die Gefahr, dass uns dann die Römer unsere heiligen Stätten und die Herrschaft wegnehmen. Er muss sterben“, beschließen sie, „denn es ist besser, wenn ein einziger Mensch für das Volk stirbt, als wenn das ganze Volk

zugrunde geht." Fortan suchen sie nach einer Möglichkeit, Jesus mit List und hintenherum in ihre Gewalt zu bringen, denn sie fürchten das Volk, das Sympathie für Jesus empfindet. Jesus spürt den Hass, der ihm entgegenschlägt. Trotzdem will er nicht fliehen, sondern zu seinen Worten und Taten stehen und bei seinen Jüngerinnen und Jüngern bleiben.
MATTHÄUS 26,3–5 UND JOHANNES 11,47–53

DAS REICH GOTTES DULDET KEIN MACHTSTREBEN

Eines Abends versammelt sich Jesus mit dem engsten Kreis seiner Jünger, mit den Zwölfen, zur Feier des Paschamahls, das zum Abschiedsmahl werden wird.

Ehe Jesus mit dem Mahl beginnt, steht er auf, bindet sich ein Handtuch um, gießt Wasser in eine Schüssel und beginnt den Jüngern die Füße zu waschen und abzutrocknen. Das tut gut, denn vom Wandern in offenen Sandalen auf staubigen Straßen sind die Füße heiß, schmutzig und müde geworden. Den Gästen die Füße zu waschen, ist keine angenehme Arbeit; die überlässt man sonst allein den Sklaven.

So empört sich Simon Petrus: „Nein, das geht doch nicht! Diese Drecksarbeit darfst du doch nicht machen. Du bist schließlich unser Freund und Meister, nicht unser Diener." Jesus aber macht sein Tun verständlich mit den Worten: „Weil ich euch liebe, darum tue ich dies gerne für euch. Ich bin mir nicht zu gut dafür. Wenn nun ich, als euer Meister, euch die Füße wasche, dann habt auch ihr keinen Grund dazu, euch als die großen Herren aufzuspielen. Dann könnt auch ihr einander gerne einen Dienst tun."
JOHANNES 13,1–16

DAS LETZTE GEMEINSAME MAHL

Danach feiert Jesus mit seinen Freunden das letzte gemeinsame Mahl. Er nimmt das Brot, dankt dafür, bricht es in Teile, gibt es seinen Jüngern und sagt zu ihnen: „Nehmt und esst! Wie dieses Brot, so teile ich mein Leben mit euch. Wie es in Stücke gebrochen und doch eines ist, so lebe ich in jedem von euch, und ihr alle lebt in mir."

Dann reicht er ihnen den Kelch mit Wein und sagt: „Trinket alle daraus! Dieser Wein ist wie das Blut, das ich für euch und alle vergießen werde und das uns verbindet bis über den Tod hinaus. Haltet immer wieder gemeinsam Mahl mit Brot und Wein und erinnert euch dabei an mich!"

MARKUS 14,22–25

IN DER TODESANGST ALLEIN

Einer von den Jüngern, Judas, ist vom Abendmahl weggegangen, weg von Jesus, weg von seinen Freunden, hin zu den Feinden Jesu. Jesus ist darüber sehr betrübt. Mit den anderen Jüngern geht er auf den Ölberg in einen Olivengarten mit dem Namen Getsemani. Es ist Nacht.

„Setzt euch und wartet hier", sagt Jesus, „ich möchte beten." Petrus, Jakobus und Johannes nimmt er noch ein Stück des Weges weiter mit und bittet sie: „Bleibt hier bei mir und wacht mit mir! Ich bin unendlich traurig und habe Angst." Die drei sind guten Willens, aber die Müdigkeit überfällt sie und sie schlafen ein. So fühlt sich Jesus ganz verlassen. Er fleht zu Gott, seinem Vater: „Vater, hilf mir! Bleib du bei mir! Ich habe Angst vor dem, was jetzt kommen wird. Aber ich will dir vertrauen. So wie du willst, soll es geschehen!"

Immer wieder will er Trost suchen bei den drei Jüngern in seiner Nähe. Doch er findet sie immer schlafend. Zu Petrus, der noch kurz zuvor so vollmundig seine Treue bekundet hat, sagt er: „Simon, du schläfst? Bist du nicht stark genug, wenigstens eine Stunde mit mir zu wachen?"

MARKUS 14,32–40

JESUS WIRD GEFANGEN GENOMMEN

Jesus weckt schließlich die drei Jünger: „Genug! Die Stunde ist gekommen, da ich ausgeliefert werde. Auf! Gehen wir!"

Schon hört er in der Ferne die Schritte der Soldaten und das Schwerterklirren. Er sieht Fackeln näher kommen. Judas führt die Männer an, die vom Hohen Rat geschickt sind. Er geht auf Jesus zu und küsst ihn. Jesus blickt ihm in die Augen und dann kann er nur noch sagen: „Freund, mit einem Kuss verrätst du mich?" Wie die Soldaten Jesus packen, spricht der sie an: „Wie gegen einen Bandenkrieger seid ihr mit Schwertern und Knüppeln ausgezogen. Tag für Tag war ich bei euch im Tempel und lehrte und ihr habt mich nicht ergriffen." Die Jünger bekommen Angst und alle laufen davon. Jesus bleibt allein zurück. Er wird gefesselt und abgeführt.

MARKUS 14,41–50

JESUS VOR DEM HOHEN RAT

In Fesseln wird Jesus von den Soldaten vor den Hohen Rat gebracht. Dort sind die Hohenpriester, die Schriftgelehrten und Ältesten schon versammelt. Sie suchen irgendeinen Grund, um Jesus verurteilen zu können. Doch sie finden nichts. Was verschiedene falsche Zeugen aussagen, stimmt nicht überein. Einige versuchen, ihn anzuschwärzen, und behaupten: „Wir haben ihn sagen hören: Ich werde diesen Tempel niederreißen und in drei Tagen einen anderen aufbauen, der nicht von Menschenhand gemacht ist." Aber auch sie verwickeln sich in Widersprüche.

Schließlich steht der Hohepriester genervt auf, tritt in die Mitte und fragt Jesus: „Warum sagst du nichts zu dem, was diese Leute gegen dich vorbringen?" Jesus aber schweigt. Da stellt ihm der Hohepriester lauernd die Frage: „Bist du der Messias, der von Gott gesandt ist?" Jesus antwortet klar und deutlich: „Ich bin es." Da zerreißt der Hohepriester sein Gewand und ruft: „Er lästert Gott. Was meint denn ihr dazu?" Und alle sind natürlich seiner Meinung. „Dieser Mensch ist schuldig", schreien sie, „er muss sterben." Einige spucken Jesus an, andere schlagen ihm ins Gesicht.

MARKUS 14,53–65

JESUS VOR DEM RÖMISCHEN STATTHALTER PILATUS

In Fesseln wird Jesus am frühen Morgen nach der schlimmen Nacht zum römischen Statthalter Pilatus abgeführt. Der spricht Jesus an: „Du also bist der König der Juden?“ – „Das sagst du, nicht ich!“, berichtigt Jesus. Die Hohenpriester, Ältesten und Schriftgelehrten ereifern sich und ersinnen viele falsche Anschuldigungen gegen Jesus. Pilatus wendet sich erstaunt an Jesus: „Du antwortest nicht? Hör doch, wie sie dich anklagen!“ Jesus aber schweigt.

Pilatus spürt den unversöhnlichen Hass und die Eifersucht der Ankläger. Er merkt deutlich, dass Jesus unschuldig ist, und sucht nach einem Ausweg. Wie jedes Jahr möchte er zum Fest einen Gefangenen freilassen und so fragt er die Volksmenge: „Wollt ihr, dass ich euch Jesus von Nazaret freigebe?“ Doch die tobende Masse, aufgehetzt durch die Hohenpriester, verlangt Barabbas, einen Mörder, zur Freigabe. „Was soll ich dann mit Jesus tun?“, will Pilatus wissen. „Kreuzige ihn, kreuzige ihn!“, brüllen alle wie besessen.

Da gibt Pilatus dem Druck nach, lässt Jesus wie einen Verbrecher geißeln und liefert ihn zur Kreuzigung aus.

MARKUS 15,1–15

DIE VERSPOTTUNG JESU

Nach der Geißelung führen die Soldaten Jesus in das Innere des Hofes und rufen die ganze Kohorte zusammen. Sie ziehen dem Gemarterten einen Purpurmantel an, flechten einen Kranz aus Dornzweigen und drücken ihn auf seinen Kopf. Dann fangen sie an, ihn zu verspotten: „Sei gegrüßt, König der Juden!“ Dazu verneigen sie sich vor ihm wie vor einem König, schlagen ihn mit einem Stock auf den Kopf und spucken ihn an.

Nachdem sie ihren Spott mit ihm getrieben, nehmen sie ihm den Purpurmantel ab, ziehen ihm seine eigenen Kleider wieder an und schleppen ihn hinaus zur Kreuzigung.

MARKUS 15,16–20

JESUS WIRD GEKREUZIGT

Jesus muss den schweren Querbalken für das Kreuz selber auf den Hügel Golgota tragen. Bald verlassen ihn die Kräfte. Da zwingen die Soldaten einen Mann, der gerade vom Felde kommt, Simon von Zyrene, Jesus zu helfen.

An der Hinrichtungsstätte reißen die Soldaten Jesus die Kleider vom Leib und nageln ihn an das Kreuz. Die Vorübergehenden schütteln den Kopf und rufen hämisch: „Ha, ha, ha, du wolltest den Tempel niederreißen und in drei Tagen wieder aufbauen! Nun zeig mal, was du kannst, und rette dich selbst!“ Seine Feinde verhöhnen ihn und spotten: „Andern hat er geholfen, sich selbst kann er nicht helfen. Steig doch herab vom Kreuz, wenn du der Messias, der König Israels, bist! Dann werden wir an dich glauben.“ Viele Stunden leidet Jesus am Kreuz große Qualen.
MARKUS 15,21–32

JESUS STIRBT AM KREUZ

Um die Mittagsstunde bricht eine große Finsternis über das Land herein, bis zur neunten Stunde am Nachmittag. In seiner Todesqual betet Jesus mit lauter Stimme den Anfang von Psalm 22: „Mein Gott, mein Gott, warum hast du mich verlassen?“ Und sterbend ruft er: „Vater, ich gebe mein Leben in deine Hände.“ Dann stößt er einen lauten Schrei aus und stirbt.

Da zerreißt der Vorhang des Tempels von oben bis unten. Der römische Hauptmann, der das Sterben Jesu miterlebt, ruft: „Wahrhaftig – dieser Mensch war Gottes Sohn!“

Viele Jüngerinnen Jesu harren in einiger Entfernung mutig beim Kreuz aus, darunter Maria Magdalena, Salome und eine andere Maria.
MARKUS 15,33–41 UND LUKAS 23,46

JESUS WIRD BEGRABEN

Es ist Abend geworden, kurz vor Beginn des großen Sabbats. Josef von Arimathäa, ein angesehener Ratsherr und heimlicher Anhänger von Jesus, wagt es, zu Pilatus zu gehen und ihn um den Leib Jesu zu bitten. Pilatus erkundigt sich bei dem Hauptmann, ob Jesus wirklich schon tot sei, und schenkt Josef den Leichnam. Dieser nimmt Jesus vom Kreuz, wickelt ihn in ein großes Leinentuch und legt ihn in ein Felsengrab. Vor den Grabeingang wird ein schwerer Stein gewälzt.

Maria Magdalena bleibt zusammen mit einer Gefährtin bis zuletzt bei dem Toten.

MARKUS 15,42–47

JESUS IST AUFERSTANDEN

EIN ENGEL VERKÜNDET DEN FRAUEN DIE OSTERBOTSCHAFT

Noch in der Morgendämmerung des ersten Wochentages gehen einige Jüngerinnen mit duftenden Ölen zum Grab, um Jesu Leichnam zu salben, wie es Sitte war. Wie die Sonne über ihnen aufgeht, sehen sie, dass der große Stein vom Eingang des Grabes weggewälzt ist. Welch ein Schrecken! Das Grab ist leer. Und da! Mitten im Ort des Todes begegnet den Frauen ein Bote des Lebens in leuchtend weißem Gewand und spricht sie an: „Erschreckt nicht! Ich weiß, ihr sucht Jesus, den Gekreuzigten. Doch was sucht ihr den Lebenden bei den Toten? Er ist nicht hier. Er ist auferstanden."

LUKAS 24,1–6

JESUS ZEIGT SICH DEN JÜNGERN

Die Jünger Jesu sind in Jerusalem zusammengekommen. Die Türen haben sie aus Angst vor den Feinden Jesu verriegelt. Die Botschaft der Frauen hat sie zwar erreicht, aber sie können es einfach nicht glauben, dass Jesus nicht zu den Toten zu zählen ist.

Da – plötzlich spüren sie es irgendwie: Jesus ist lebendig mitten unter ihnen. Er wünscht ihnen „Schalom", Frieden – wie früher so oft – und versichert ihnen: „Ich bin bei euch, auch wenn ihr mich nicht seht." Freude ergreift sie. Ihr Mut wächst und sie begreifen den großen Auftrag Jesu an sie: „Jetzt ist der Augenblick gekommen, wo ich euch zu den Menschen sende. Alles, was ich getan und gesagt habe, sollt ihr nun an meiner Stelle verkünden, verbreiten und weiterführen. Dazu gebe ich euch Gottes Kraft, Gottes Geist."
JOHANNES 20,19–23

ÜBERRASCHENDE BEGEGNUNGEN MIT JESUS

Die meisten Jünger und Jüngerinnen sind nach der Kreuzigung Jesu nach Hause zurückgekehrt und arbeiten wieder in ihren alten Berufen.

Wie gewohnt fährt der Fischer Simon Petrus eines Abends mit sechs anderen Jüngern hinaus auf den See Gennesaret zum Fischen. Die ganze Nacht aber geht ihnen nichts ins Netz. Am Morgen sehen sie jemand am Ufer stehen. Sie erkennen nicht, dass es Jesus ist. Er ruft ihnen zu: „Habt ihr etwas zu essen?" Verärgert schütteln sie den Kopf und schreien zurück: „Keinen einzigen Fisch!" Da fordert er sie auf: „Werft euer Netz auf der rechten Seite des Bootes aus und ihr werdet etwas fangen!" Was soll denn dieser Unsinn, denken die erfahrenen Fischer, aber sie tun's. Welch ein Erstaunen! Die Netze füllen sich so gewaltig, dass sie sie gar nicht in die Boote einholen können. Jetzt begreift Johannes und ruft: „Es ist Jesus!" Wie Petrus das hört, hält es ihn nicht mehr im Boot. Er springt ins Wasser, um möglichst schnell zu Jesus zu kommen.

Die anderen ziehen den Fang hinter sich her, und trotz der Riesenmenge großer Fische reißt das Netz nicht. Am Ufer sehen sie bereits ein Kohlenfeuer brennen und Fisch und Brot darauf liegen. Jesus lädt sie ein: „Kommt und esst!“ Er nimmt das Brot und den Fisch und teilt beides an sie aus. Keiner fragt: „Wer bist du?“ Sie alle spüren, dass Jesus in ihrer Mitte ist. So wird es alle Tage sein, wo immer sie sein, was immer sie tun werden.
JOHANNES 21,1–14

WERDET MEINE ZEUGEN!

Immer wieder stärkt Jesus seine Jüngerinnen und Jünger mit seiner spürbaren Gegenwart. Er ermutigt sie und weckt ihr Verständnis für den Weg seines Lebens und Sterbens: „Alles ist in Erfüllung gegangen, was bei Mose, bei den Propheten und in den Psalmen über mich gesagt ist: Der Messias muss leiden und gekreuzigt werden. Aber er wird den Tod überwinden.

„Ihr seid meine Zeugen", so beginnt er sein Abschiednehmen. „Ich sende euch zu allen Menschen in alle Länder der Erde. Alle sollen erfahren und spüren, dass Gott sie liebt. Und ich lasse euch bei diesem Auftrag nicht allein. Bleibt so lange in Jerusalem, bis ihr mit der Kraft Gottes erfüllt werdet!"

Nach diesen Worten führt Jesus sie nach Betanien. Und da geschieht es: Noch während Jesus die Seinen segnet, kehrt er endgültig heim zu Gott, seinem Vater im Himmel.

Die Jünger und Jüngerinnen preisen Gott, verneigen sich tief und machen sich gestärkt auf den Weg zurück nach Jerusalem. Sie sind voller Freude, denn sie haben das feste Vertrauen: Jesus lässt uns nicht allein, auch wenn wir ihn nicht mehr sehen.

LUKAS 24,44–53

BEGEISTERUNG, DIE ANSTECKT

Jesu Freunde vergessen nie mehr, was er ihnen versprochen hat: „Ich lasse euch nicht allein. Ich schicke euch Gottes Geistkraft. Die werdet ihr spüren in eurer Begeisterung, in eurem Mut, in euren Ideen, eurer Tatkraft, eurer Hoffnung. Dieser Geist wird zu euch kommen und immer in euch sein, so wie er in mir ist. Und ihr werdet meine Zeugen sein bis an die Enden der Erde."

Zum jüdischen Wochenfest sind alle, wie gewohnt, wieder in Jerusalem zusammengekommen, auch die Mutter Jesu ist mit dabei. Die Türen halten sie verschlossen aus Angst vor denen, die Jesus ans Kreuz geliefert haben.

Plötzlich hören sie trotz verriegelter Türen vom Himmel her ein Brausen, wie von einem heftigen Sturm. Lichtflammen wie Zungen aus Feuer sehen sie zu jedem von ihnen niederschweben. Ihre Angst, sie können es kaum glauben, ist auf einmal wie verflogen. Das ist die Kraft, die Jesus uns versprochen hat, spüren sie. Gottes Geist ist wie Sturm, Gottes Geist ist wie Feuer.

Gottes Geist hat die Jüngerinnen und Jünger befreit und begeistert. Sie reißen die Türen auf, rennen auf die Straße hinaus zu den Festpilgern aus den verschiedenen Ländern, jubeln und singen und erzählen von Jesus.

Die zahlreichen Menschen, die zum großen Fest nach Jerusalem gekommen sind, sprechen viele fremde Sprachen und doch verstehen alle, was die Jesusjünger ihnen zurufen. Da fragen sie sich verwundert: „Was hat denn das zu bedeuten? Die sind doch alle aus Galiläa? Wieso kann sie dann jeder von uns in seiner eigenen Sprache hören?“ Einige jedoch spotten: „Die sind ja betrunken!“

Da tritt Petrus vor sie hin und ruft mit lauter Stimme: „Ihr wundert euch über das, was hier geschieht. Wir sind nicht berauscht, sondern heute ist geschehen, was der Prophet Joël angekündigt hat: ‚Ich werde meinen Geist zu allen Menschen senden, spricht Gott. Die Erwachsenen werden Propheten sein, die Alten werden Träume haben und die Kinder neue Ideen.‘ Gottes Geist ist es, der bewirkt, dass ihr uns in allen Sprachen verstehen könnt. In allen Sprachen hört ihr, dass Gott Jesus zu uns geschickt hat. Er hat geheilt, getröstet und geholfen. Trotzdem ist er umgebracht worden. Gott aber hat ihn auferweckt.“

„Und was sollen wir jetzt tun?“, wollen die Leute wissen. „Denkt um und lebt so, wie Jesus es euch gezeigt hat“, antwortet Petrus. „Helft einander! Werdet Freunde von Jesus!“
APOSTELGESCHICHTE 2,1–39

DIE SCHÖNSTEN
BIBEL
VERSE
FÜR KINDER

DIE SCHÖNSTEN BIBELVERSE
FÜR KINDER

DU HAST MICH LIEB

Ich danke dir, dass ich so staunenswert und wunderbar gestaltet bin.
Ich weiß es genau: Wunderbar sind deine Werke.

PSALM 139,14

Seht, welche Liebe uns der Vater geschenkt hat: Wir heißen Kinder Gottes und wir sind es.

1. JOHANNESBRIEF 3,1

Noch ehe ich dich im Mutterleib formte, habe ich dich ausersehen.

JEREMIA 1,5

Gott ist Liebe, und wer in der Liebe bleibt, bleibt in Gott und Gott bleibt in ihm.

1. JOHANNESBRIEF 4,16

Ein Segen sollst du sein.

GENESIS 12,2

Ich lasse dich nicht fallen und verlasse dich nicht.
JOSUA 1,5

Denn deine Liebe reicht über den Himmel hinaus, deine Treue, so weit die Wolken ziehen.
PSALM 108,5

Mögen auch die Berge weichen und die Hügel wanken – meine Huld wird nicht von dir weichen und der Bund meines Friedens nicht wanken, spricht der Herr, der Erbarmen hat mit dir.
JESAJA 54,10

Denn der Vater selbst liebt euch.
JOHANNESEVANGELIUM 16,27

Befiehl dem Herrn deinen Weg, vertrau ihm – er wird es fügen.
PSALM 37,5

Mein Herz denkt an dich.
PSALM 27,8

Verkauft man nicht fünf Spatzen für zwei Pfennige? Und doch ist nicht einer von ihnen vor Gott vergessen. Bei euch aber sind sogar die Haare auf dem Kopf alle gezählt. Fürchtet euch nicht! Ihr seid mehr wert als viele Spatzen.
LUKASEVANGELIUM 12,6–7

DU MACHST MIR MUT

Seid mutig, seid stark!
1. KORINTHERBRIEF 16,13

Mit meinem Gott überspringe ich Mauern.
PSALM 18,30

Geh auf den Wegen, die dein Herz dir sagt.
KOHELET 11,9

Der Herr, dein Gott, er zieht mit dir. Er lässt dich nicht fallen und verlässt dich nicht.
DEUTERONOMIUM 31,6

Ich vergesse, was hinter mir liegt, und strecke mich nach dem aus, was vor mir ist.
PHILIPPERBRIEF 3,13

Werdet stark durch die Kraft und Macht des Herrn!
EPHESERBRIEF 6,10

Der Herr, mein Gott, macht
meine Finsternis hell.
PSALM 18,29

Hoffe auf den Herrn, sei stark und fest sei
dein Herz! Und hoffe auf den Herrn!
PSALM 27,14

Herr, ich hoffe auf die Rettung durch dich.
PSALM 119,16

Werft also eure Zuversicht nicht weg – sie hat großen Lohn!
HEBRÄERBRIEF 10,35

Die Augen des Herrn ruhen auf denen, die ihn lieben; er ist ein machtvoller Schutzschild, eine starke Stütze.
JESUS SIRACH 34,19

Freut euch darüber, dass eure Namen im Himmel verzeichnet sind!
LUKASEVANGELIUM 10,20

Am Tag, da ich rief, gabst du mir Antwort, du weckst Kraft in meiner Seele.
PSALM 138,3

Darum tröstet einander und einer baue den andern auf, wie ihr es schon tut!
1. THESSALONICHERBRIEF 5,11

Jesus aber rief die Kinder zu sich und sagte: Lasst die Kinder zu mir kommen und hindert sie nicht daran! Denn solchen wie ihnen gehört das Reich Gottes.
LUKASEVANGELIUM 18,16

Der Gott aller Gnade aber, der euch in Christus zu seiner ewigen Herrlichkeit berufen hat, wird euch, dir ihr kurze Zeit leiden müsst, wieder aufrichten, stärken, kräftigen und auf festen Grund stellen.
1. PETRUSBRIEF 5,10

Wenn du durchs Wasser schreitest, bin ich bei dir, wenn durch Ströme, dann reißen sie sich nicht fort. Wenn du durchs Feuer gehst, wirst du nicht versengt, keine Flamme wird dich verbrennen.
JESAJA 43,2

Beim Herrn ist die Hilfe.
PSALM 3,9

Gepriesen sei der Gott und Vater unseres Herrn Jesus Christus, der Vater des Erbarmens und Gott allen Trostes. Er tröstet uns in all unserer Not, damit auch wir die Kraft haben, alle zu trösten, die in Not sind, durch den Trost, mit dem auch wir von Gott getröstet werden.
2. KORINTHERBRIEF 1,3–4

Jede Mühe bringt Erfolg, leeres Geschwätz führt nur zu Mangel.
SPRICHWÖRTER 14,23

Daher, meine geliebten Brüder und Schwestern, seid standhaft und unerschütterlich, seid stets voll Eifer im Werk des Herrn und denkt daran, dass im Herrn eure Mühe nicht vergeblich ist!
1. KORINTHERBRIEF 15,58

Du, Herr, wirst dein Erbarmen nicht vor mir verschließen. Deine Huld und deine Treue werden mich immer behüten.
PSALM 40,12

Euer Herz beunruhige sich nicht und verzage nicht.
JOHANNESEVANGELIUM 14,27

Güte und Schönheit des Herrn, unseres Gottes, sei über uns! Lass gedeihen das Werk unserer Hände, ja, das Werk unserer Hände lass gedeihen!
PSALM 90,17

Ruf mich am Tage der Not; dann rette ich dich und du wirst mich ehren.
PSALM 50,15

Wie uns nämlich die Leiden Christi überreich zuteilgeworden sind, so wird uns durch Christus auch überreicher Trost zuteil.
2. KORINTHERBRIEF 1,5

Gut ist der Herr zu dem, der auf ihn hofft, zur Seele, die ihn sucht.
KLAGELIEDER DES JEREMIA 3,25

Du wurdest mir zur schützenden Burg, eine Zuflucht am Tag meiner Bedrängnis.
PSALM 59,17

Herr, höre mein Bittgebet, vernimm doch mein Flehen, in deiner Treue antworte mir, in deiner Gerechtigkeit!
PSALM 143,1

Sorgt euch also nicht um morgen; denn der morgige Tag wird für sich selbst sorgen. Jeder Tag hat genug an seiner eigenen Plage.
MATTHÄUSEVANGELIUM 6,34

Für die Redlichen hält er Hilfe bereit, den Rechtschaffenen ist er ein Schild.
SPRICHWÖRTER 2,7

DU BESCHÜTZT MICH

Siehe, ich bin mit dir, ich behüte dich, wohin du auch gehst.
GENESIS 28,15

Denn mein Engel ist bei euch; er wird über euer Leben wachen.
BARUCH 6,6

Er beschirmt dich mit seinen Flügeln, unter seinen Schwingen findest du Zuflucht, Schild und Schutz sind seine Treue.
PSALM 91,4

Der Herr ist mein Hirt, nichts wird mir fehlen.
PSALM 23,1

Denn er befiehlt seinen Engeln, dich zu behüten auf all deinen Wegen. Sie tragen dich auf Händen, damit dein Fuß nicht an einen Stein stößt.
PSALM 91,11–12

Und er nahm die Kinder in seine Arme; dann legte er ihnen die Hände auf und segnete sie.
MARKUSEVANGELIUM 10,16

Der Herr behütet dich vor allem Bösen, er behütet dein Leben. Der Herr behütet dein Gehen und dein Kommen von nun an bis in Ewigkeit.
PSALM 121,7–8

Wie köstlich ist deine Liebe, Gott! Menschen bergen sich im Schatten deiner Flügel.
PSALM 36,8

Ich werde einen Engel schicken, der dir vorausgeht. Er soll dich auf dem Weg schützen und dich an den Ort bringen, den ich bestimmt habe.
EXODUS 23,20

Er lässt deinen Fuß nicht wanken; dein Hüter schlummert nicht ein.
PSALM 121,3

Ich gebe ihnen ewiges Leben. Sie werden niemals zugrunde gehen und niemand wird sie meiner Hand entreißen.
JOHANNESEVANGELIUM 10,28

DU TRÖSTEST MICH

Fürchte dich nicht, denn ich bin mit dir; hab keine Angst, denn ich bin dein Gott!
JESAJA 41,10

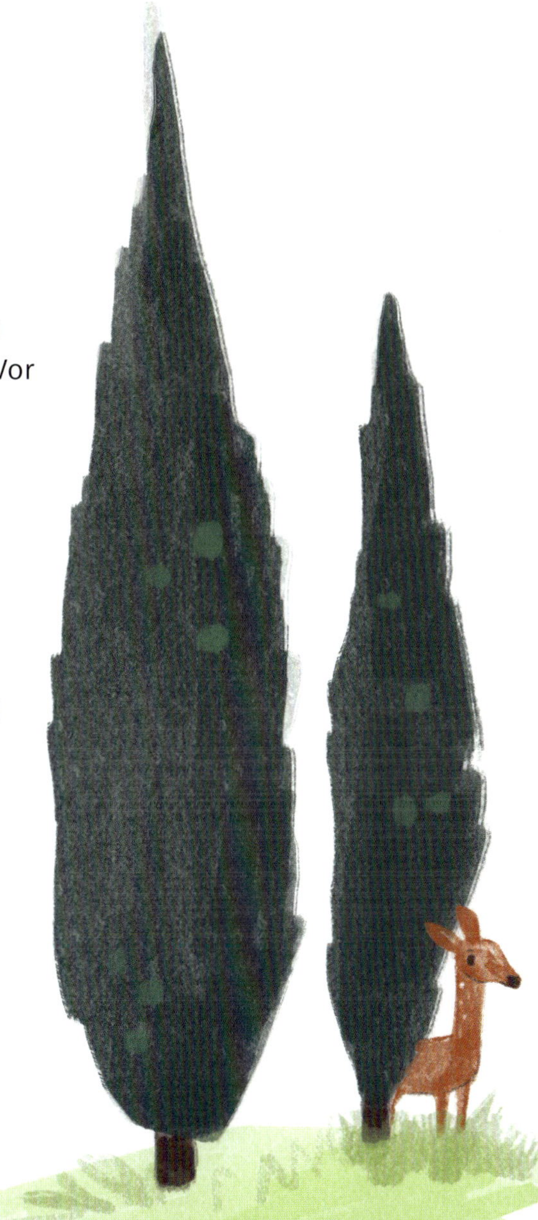

Fürchte dich nicht, denn ich bin mit dir! Ich segne dich.
GENESIS 26,24

Wirf deine Sorge auf den Herrn, er wird dich erhalten!
PSALM 55,23

Der Herr ist mein Licht und mein Heil: Vor wem sollte ich mich fürchten? Der Herr ist die Zuflucht meines Lebens: Vor wem sollte mir bangen?
PSALM 27,1

Gott hat den Herrn auferweckt; er wird durch seine Macht auch uns auferwecken.
1. KORINTHERBRIEF 6,14

Er wird alle Tränen von ihren Augen abwischen: Der Tod wird nicht mehr sein, keine Trauer, keine Klage, keine Mühsal.
OFFENBARUNG DES JOHANNES 21,4

Die Gabe Gottes aber ist das ewige Leben in Christus Jesus, unserem Herrn.
RÖMERBRIEF 6,23

FÜR KINDER

Er hat den Tod für immer verschlungen und Gott, der Herr, wird die Tränen von jedem Gesicht abwischen.
JESAJA 25,8

Selig die Trauernden; denn sie werden getröstet werden.
MATTHÄUSEVANGELIUM 5,4

Euer Herz sei stark und unverzagt, ihr alle, die ihr den Herrn erwartet.
PSALM 31,25

Du hast mein Klagen in Tanzen verwandelt, mein Trauergewand hast du gelöst und mich umgürtet mit Freude.
PSALM 30,12

Ich bin es, ja, ich, der euch tröstet.
JESAJA 51,12

Die aber auf den Herrn hoffen, empfangen neue Kraft, wie Adler wachsen ihnen Flügel. Sie laufen und werden nicht müde, sie gehen und werden nicht matt.
JESAJA 40,31

Die Hoffnung aber lässt nicht zugrunde gehen; denn die Liebe Gottes ist ausgegossen in unsere Herzen durch den Heiligen Geist, der uns gegeben ist.
RÖMERBRIEF 5,5

Wer im Schutz des Höchsten wohnt, der ruht im Schatten des Allmächtigen. Ich sage zum Herrn: Du meine Zuflucht und meine Burg, mein Gott, auf den ich vertraue.
PSALM 91,1–2

Denn ich bin gewiss: Weder Tod noch Leben, weder Engel noch Mächte, weder Gegenwärtiges noch Zukünftiges noch Gewalten, weder Höhe oder Tiefe noch irgendeine andere Kreatur können uns scheiden von der Liebe Gottes, die in Christus Jesus ist, unserem Herrn.
RÖMERBRIEF 8,38–39

Er tröstet uns in all unserer Not, damit auch wir die Kraft haben, alle zu trösten, die in Not sind, durch den Trost, mit dem auch wir von Gott getröstet werden.
2. KORINTHERBRIEF 1,4

Ich verwandle ihre Trauer in Jubel, tröste sie und mache sie froh nach ihrem Kummer.
JEREMIA 31,13

DU HILFST UNS, UNS WIEDER ZU VERTRAGEN

Denn du, mein Herr, bist gut und bereit zu vergeben, reich an Liebe für alle, die zu dir rufen.
PSALM 86,5

Seid gütig zueinander, seid barmherzig, vergebt einander, wie auch Gott euch in Christus vergeben hat.
EPHESERBRIEF 4,32

Wer Fehler zudeckt, sucht Freundschaft; wer eine Sache weiterträgt, trennt Freunde.

SPRICHWÖRTER 17,9

Ertragt einander und vergebt einander, wenn einer dem anderen etwas vorzuwerfen hat! Wie der Herr euch vergeben hat, so vergebt auch ihr! Vor allem bekleidet euch mit der Liebe, die das Band der Vollkommenheit ist!

KOLOSSERBRIEF 3,13–14

Wenn ihr den Menschen ihre Verfehlungen vergebt, dann wird euer himmlischer Vater auch euch vergeben.

MATTHÄUSEVANGELIUM 6,14

Richtet nicht, dann werdet auch ihr nicht gerichtet werden! Verurteilt nicht, dann werdet auch ihr nicht verurteilt werden! Erlasst einander die Schuld, dann wird auch euch die Schuld erlassen werden!

LUKASEVANGELIUM 6,37

Er ist die Sühne für unsere Sünden, aber nicht nur für unsere Sünden, sondern auch für die der ganzen Welt.

1. JOHANNESBRIEF 2,2

In ihm haben wir die Erlösung durch sein Blut, die Vergebung der Sünden nach dem Reichtum seiner Gnade.

EPHESERBRIEF 1,7

Da trat Petrus zu ihm und fragte: Herr, wie oft muss ich meinem Bruder vergeben, wenn er gegen mich sündigt? Bis zu siebenmal? Jesus sagte zu ihm: Ich sage dir nicht: Bis zu siebenmal, sondern bis zu siebzigmal siebenmal.
MATTHÄUSEVANGELIUM 18,21–22

Und wenn ihr beten wollt und ihr habt einem anderen etwas vorzuwerfen, dann vergebt ihm, damit auch euer Vater im Himmel euch eure Verfehlungen vergibt.
MARKUSEVANGELIUM 11,25

Da bekannte ich dir meine Sünde und verbarg nicht länger meine Schuld vor dir. Ich sagte: Meine Frevel will ich dem Herrn bekennen. Und du hast die Schuld meiner Sünde vergeben.
PSALM 32,5

Und erlass uns unsere Schulden, wie auch wir sie unseren Schuldnern erlassen haben!
MATTHÄUSEVANGELIUM 6,12

Da sprach der Herr: Ich verzeihe ihm, da du mich bittest.
NUMERI 14,20

Deshalb sollt ihr jetzt lieber verzeihen und trösten, damit ein solcher nicht von allzu großer Traurigkeit überwältigt wird.
2. KORINTHERBRIEF 2,7

Der Gott der Geduld und des Trostes aber schenke euch, eines Sinnes untereinander zu sein, Christus Jesus gemäß.
RÖMERBRIEF 15,5

Wenn wir unsere Sünden bekennen, ist er treu und gerecht; er vergibt uns die Sünden und reinigt uns vor allem Unrecht.
1. JOHANNESBRIEF 1,9

Wenn dein Bruder gegen dich sündigt, dann geh und weise ihn unter vier Augen zurecht! Hört er auf dich, so hast du deinen Bruder zurückgewonnen.
MATTHÄUSEVANGELIUM 18,15

Wem ihr aber verzeiht, dem verzeihe auch ich. Denn auch ich habe, wenn hier etwas zu verzeihen war, im Angesicht Christi um euretwillen verziehen.
2. KORINTHERBRIEF 2,10

DU BIST DA, WENN ICH KRANK ODER UNGLÜCKLICH BIN

Werft alle eure Sorge auf ihn, denn er kümmert sich um euch!
1. PETRUSBRIEF 5,7

Er gibt dem Müden Kraft, dem Kraftlosen verleiht er große Stärke.
JESAJA 40,29

Wenn du dann rufst, wird der Herr dir Antwort geben, und wenn du um Hilfe schreist, wird er sagen: Hier bin ich.
JESAJA 58,9

Macht euch keine Sorgen; denn die Freude am Herrn ist eure Stärke.
NEHEMIA 8,10

Ja, du wurdest meine Hilfe, ich juble im Schatten deiner Flügel.
PSALM 63,8

Auch wenn ich gehe im finsteren Tal, ich fürchte kein Unheil; denn du bist bei mir, dein Stock und dein Stab, sie trösten mich.
PSALM 23,4

Er aber sagte zu ihr: Meine Tochter, dein Glaube hat dich gerettet. Geh in Frieden! Du sollst von deinem Leiden geheilt sein.
MARKUSEVANGELIUM 5,34

Er heilt, die gebrochenen Herzens sind, er verbindet ihre Wunden.
PSALM 147,3

Ein fröhliches Herz tut der Gesundheit gut, ein bedrücktes Gemüt lässt die Glieder verdorren.
SPRICHWÖRTER 17,22

Mehren sich die Sorgen in meinem Innern, so erquicken
deine Tröstungen meine Seele.
PSALM 94,19

Heile mich, Herr, so bin ich geheilt, hilf mir, so ist mir geholfen;
ja, mein Lobpreis bist du.
JEREMIA 17,14

Denn ich lasse dich genesen und heile dich von deinen
Wunden – Spruch des Herrn.
JEREMIA 30,17

Siehe, ich bringe ihnen Genesung und Heilung und ich
werde sie heilen und ihnen Fülle von Frieden und Treue
gewähren.
JEREMIA 33,6

Herr, mein Gott, ich habe zu dir geschrien und du heiltest mich.
PSALM 30,3

Siehe, Gott ist mein Heil; ich vertraue und erschrecke nicht. Denn meine Stärke und mein Lied ist Gott, der Herr. Er wurde mir zum Heil.
JESAJA 12,2

ICH GLAUBE AN DICH

Jesus sagte zu ihr: Habe ich dir nicht gesagt: Wenn du glaubst, wirst du die Herrlichkeit Gottes sehen?
JOHANNESEVANGELIUM 11,40

Durch den Glauben wohne Christus in euren Herzen, in der Liebe verwurzelt und auf sie gegründet.
EPHESERBRIEF 3,17

Wer sonst besiegt die Welt, außer dem, der glaubt, dass Jesus der Sohn Gottes ist?
1. JOHANNESBRIEF 5,5

Darum sage ich euch: Alles, worum ihr betet und bittet – glaubt nur, dass ihr es schon erhalten habt, dann wird es euch zuteil.
MARKUSEVANGELIUM 11,24

Das ist das Werk Gottes, dass ihr an den glaubt, den er gesandt hat.
JOHANNESEVANGELIUM 6,29

Glaube aber ist: Grundlage dessen, was man erhofft, ein Zutagetreten von Tatsachen, die man nicht sieht.
HEBRÄERBRIEF 11,1

Als Glaubende gehen wir unseren Weg, nicht als Schauende.
2. KORINTHERBRIEF 5,7

Wer bittet, soll aber im Glauben bitten und nicht zweifeln; denn wer zweifelt, gleicht einer Meereswoge, die vom Wind hin und her getrieben wird.
JAKOBUSBRIEF 1,6

Ohne Glauben aber ist es unmöglich, Gott zu gefallen; denn wer hinzutreten will zu Gott, muss glauben, dass er ist und dass er die, die ihn suchen, belohnen wird.
HEBRÄERBRIEF 11,6

Ihr wisst, dass die Prüfung eures Glaubens Geduld bewirkt.
JAKOBUSBRIEF 1,3

Ihn habt ihr nicht gesehen und dennoch liebt ihr ihn; ihr seht ihn auch jetzt nicht; aber ihr glaubt an ihn und jubelt in unaussprechlicher und von Herrlichkeit erfüllter Freude, da ihr das Ziel eures Glaubens empfangen werdet: eure Rettung.
1. PETRUSBRIEF 1,8–9

Mit dem Herzen glaubt man und das führt zur Gerechtigkeit, mit dem Mund bekennt man und das führt zur Rettung.
RÖMERBRIEF 10,10

Denn in ihm wird die Gerechtigkeit Gottes offenbart aus Glauben zum Glauben, wie geschrieben steht: Der aus Glauben Gerechte wird leben.
RÖMERBRIEF 1,17

Glaube an Jesus, den Herrn, und du wirst gerettet werden.
APOSTELGESCHICHTE 16,31

So ist auch der Glaube für sich allein tot, wenn er nicht Werke vorzuweisen hat.
JAKOBUSBRIEF 2,17

Wenn ihr Glauben habt wie ein Senfkorn, dann werdet ihr zu diesem Berg sagen: Rück von hier nach dort! und er wird wegrücken. Nichts wird euch unmöglich sein.
MATTHÄUSEVANGELIUM 17,20

Denn aus Gnade seid ihr durch den Glauben gerettet, nicht aus eigener Kraft – Gott hat es geschenkt.
EPHESERBRIEF 2,8–9

Wenn du mit deinem Mund bekennst: Herr ist Jesus – und in deinem Herzen glaubst: Gott hat ihn von den Toten auferweckt, so wirst du gerettet werden.
RÖMERBRIEF 10,9

Jesus sagte zu ihm: Weil du mich gesehen hast, glaubst du. Selig sind, die nicht sehen und doch glauben.
JOHANNESEVANGELIUM 20,29

Denn die Schrift sagt: Jeder, der an ihn glaubt, wird nicht zugrunde gehen.

RÖMERBRIEF 10,11

Ich erinnere euch, Brüder und Schwestern, an das Evangelium, das ich euch verkündet habe. Ihr habt es angenommen; es ist der Grund, auf dem ihr steht. Durch dieses Evangelium werdet ihr gerettet werden, wenn ihr festhaltet an dem Wort, das ich euch verkündet habe.

1. KORINTHERBRIEF 15,1–2

Gerecht gemacht also aus Glauben, haben wir Frieden mit Gott durch Jesus Christus, unseren Herrn.

RÖMERBRIEF 5,1

Wer an den Sohn glaubt, hat das ewige Leben.

JOHANNESEVANGELIUM 3,36

Die Zeit ist erfüllt, das Reich Gottes ist nahe. Kehrt um und glaubt an das Evangelium!

MARKUSEVANGELIUM 1,15

Ihr aber, Geliebte, baut weiter auf eurem hochheiligen Glauben auf, betet im Heiligen Geist, bewahrt euch in der Liebe Gottes und wartet auf das Erbarmen Jesu Christi, unseres Herrn, zum ewigen Leben!

JUDASBRIEF 20–21

ICH DANKE DIR

Ich will danken, Herr, aus ganzem Herzen, erzählen will ich all deine Wunder.
PSALM 9,2

Herr, mein Gott, ich will dir danken in Ewigkeit.
PSALM 30,13

Seid voller Dankbarkeit!
KOLOSSERBRIEF 2,7

Sorgt euch um nichts, sondern bringt in jeder Lage betend und flehend eure Bitten mit Dank vor Gott!
PHILIPPERBRIEF 4,6

Danket dem Herrn, denn er ist gut, denn seine Huld währt ewig!
1. BUCH DER CHRONIK 16,34

Ich will den Herrn allezeit preisen; immer
sei sein Lob in meinem Mund.

PSALM 34,2

Dankt dem Herrn! Ruft seinen Namen an!
Macht unter den Völkern seine Taten bekannt!

1. BUCH DER CHRONIK 16,8

Ich danke dem, der mir Kraft gegeben hat: Christus Jesus, unserem Herrn.

1. TIMOTHEUSBRIEF 1,12

Wir danken Gott von Herzen.

2. BUCH DER MAKKABÄER 1,11

Dank sei Gott für sein unfassbares Geschenk!

2. KORINTHERBRIEF 9,15

MEINE SCHÖNSTEN
BASTEL
IDEEN

BASTELANLEITUNGEN

NOACHS ARCHE

Noach hat ein großes Schiff gebaut, um seine Familie und viele Tiere dort unterzubringen. Möchtest du auch ein Schiff bauen? Das kannst du ganz einfach aus Papier. Probier´s mal aus!

Du brauchst: ein Blatt Papier (A4) und bunte Stifte

SO GEHT'S:

1. Falte das Papier einmal in der Mitte.
2. Jetzt faltest du die oberen Ecken zur Mitte.
3. Nun klappst du die unteren Ränder nach oberen – einen auf jeder Seite.
4. Auf jeder Seite faltest du eine Ecke nach vorne und nach hinten.
5. Jetzt hast du ein Dreieck. Das öffnest du und legst die gegenüberliegenden Ecken aufeinander.
6. Falte auf beiden Seiten die untere Ecke nach oben.
7. So ist wieder ein Dreieck entstanden. Drück die Ecken links und rechts zusammen.
8. Du musst nur noch die Seiten auseinanderziehen und deine Arche Noach steht vor dir!
9. Jetzt kommen deine Stifte zum Einsatz! Bemale deine Arche so, wie sie dir gefällt: zum Beispiel mit Holzplanken, Bullaugen, einem Segel und den Menschen und Tieren, die mitfahren.
10. Ab ins Wasser! Lass deine Arche im Waschbecken oder einer Schüssel mit Wasser fahren.

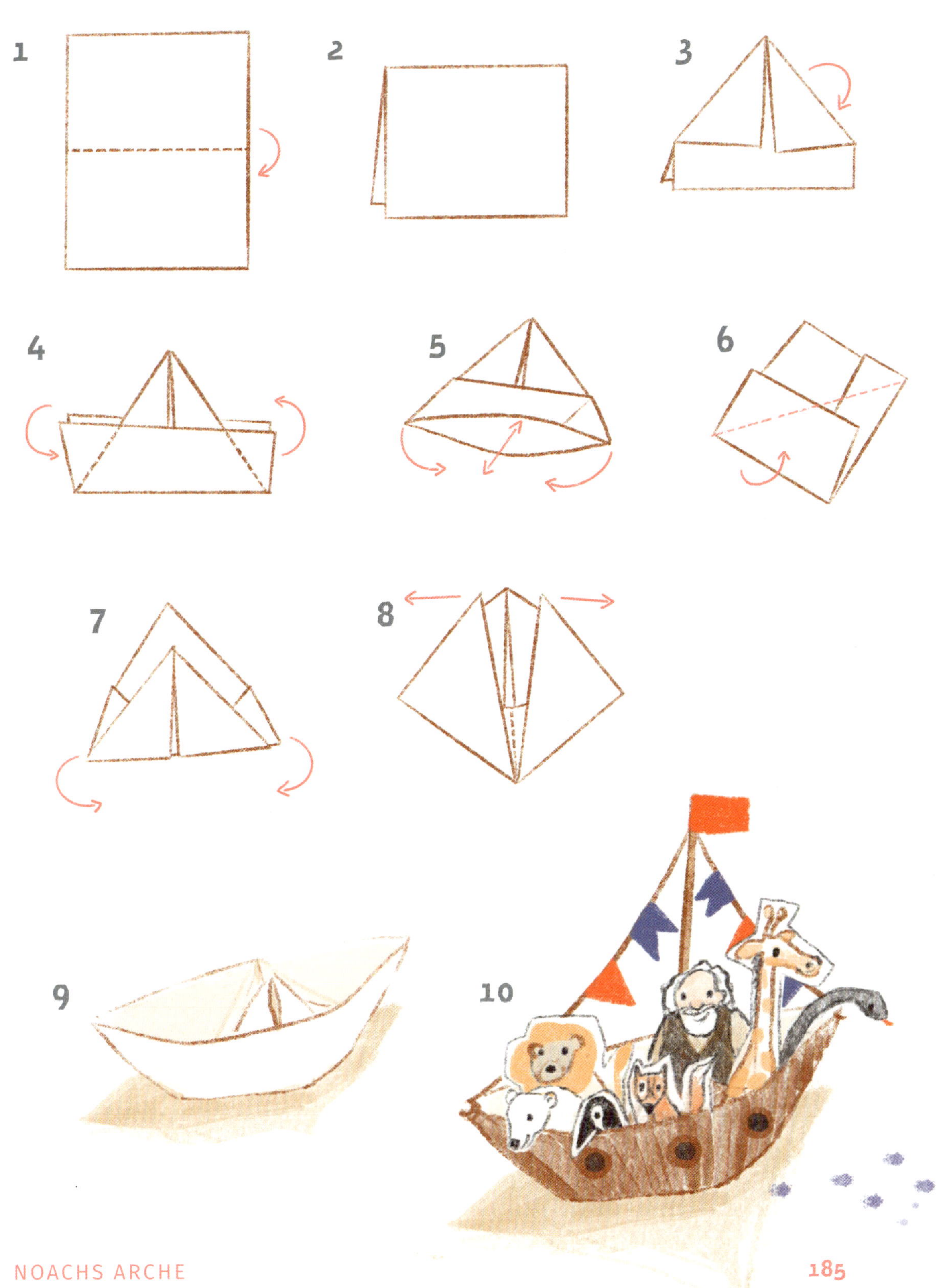
1
2
3
4
5
6
7
8
9
10

GEBETSWÜRFEL

Morgens, abends, vor oder nach dem Essen – mit einem Gebetswürfel macht es gleich viel mehr Spaß, ein Gebet auszuwählen!

Du brauchst: stabiles Papier, Schere, Kleber und Stifte

SO GEHT´S:

1. Kopiere die Gebetswürfel-Vorlage oder male bzw. pause sie ab.
2. Schreibe oder male in jedes quadratische Feld ein Gebet. Du kannst dir aussuchen, ob auf deinem Gebetswürfel Tisch-, Morgen- oder Abendgebete stehen sollen.
3. Schneide die Vorlage aus.
4. Falte das Papier zu einem Würfel zusammen.
5. Bestreiche die Klebestreifen mit Kleber und klebe sie innen in den Würfel.
6. Fertig ist dein Gebetswürfel!

Klebestreifen

SEGENSMOBILE FÜR EINE GUTE NACHT

Du brauchst: einen Zweig oder dünnen Stock (Länge ca. 30 cm), festes weißes Papier, (Woll-)Faden, Schere, bunte Stifte, Locher

SO GEHT'S:

1. Kopiere die Bastelvorlage oder male bzw. pause sie ab.
2. Schneide die einzelnen Teile aus.
3. Bemale Wolke, Mond und Sterne, wie sie dir gut gefallen.
4. Suche dir im Kapitel „Die schönsten Bibelverse für Kinder“ (ab Seite 160) deine Lieblingsbibelverse aus.
5. Schreibe sie auf Wolke, Mond und Sterne.
6. Loche die einzelnen Teile an der Stelle, an der du sie aufhängen möchtest.
7. Schneide für jedes Wolken-/Mond-/ und Sterne-Teil einen (Woll-)Faden in unterschiedlichen Längen ab, z.B. zwischen 10 cm und 20 cm.
8. Ziehe jeweils einen (Woll-)Faden durch ein Loch und knote die Enden zusammen.
9. Hänge die einzelnen Teile an den Zweig. Du kannst sie hin und her schieben, bis dir die Verteilung gut gefällt.
10. Zum Schluss schneidest du noch einen 60 cm langen (Woll-)Faden ab. Dieser ist für die Aufhängung des ganzen Mobiles. Knote die Enden jeweils an den Enden des Zweigs fest.
11. Dein Mobile ist fertig! Hänge es an einer Stelle auf, die dir gut gefällt – z.B. in der Nähe deines Bettes. So kannst du vor dem Einschlafen immer deine Lieblingsbibelverse lesen!

SCHUTZENGEL-ANHÄNGER

Diese Schutzengel begleiten dich überall mit hin – z.B. an deinem Schlüsselbund oder als Anhänger an deinem Rucksack.

Du brauchst: Filz oder Moosgummi in deiner Lieblingsfarbe, Schlüsselring (alternativ ein Wollfaden), dicke Nadel, Schere und Stifte

SO GEHT´S:

1. Kopiere die Engel-Vorlage oder male bzw. pause sie ab.
2. Schneide den Engel aus.
3. Lege den Engel auf das Filz oder Moosgummi und umrande ihn.
4. Schneide den Filz-/Moosgummi-Engel aus.
5. Möchtest du einen Schlüsselring an deinem Engel befestigen? Dann stich mit der Nadel ein Loch an die Stelle des Engelkopfes, an der du den Ring haben möchtest. Zieh den Ring durch das Loch – fertig ist dein Engelanhänger!

   Oder:

   Faden statt Schlüsselring als Aufhängung? Zieh den Faden durch die Nadel und stich ein Loch an die gewünschte Stelle. Faden durchziehen, Nadel entfernen und die Fadenenden verknoten – fertig!

   Wenn du magst, kannst du deinen Namen auf deinen Schutzengel-Anhänger schreiben. Auf Moosgummi geht das gut mit Kuli oder Filzstift.

Emma

GEBETSANLIEGEN AUF SCHMETTERLINGEN

Es gibt so viele Gründe, Gott zu danken oder ihn um etwas zu bitten! Was ist dir wichtig? Lass deine Gebete von bunten (Papier-)Schmetterlingen durch die Lüfte tragen!

Du brauchst: weißes Papier, bunte Stifte, Schere und Klebeband

SO GEHT'S:

1. Kopiere die Schmetterling-Vorlage oder male bzw. pause sie ab.
2. Schneide die Schmetterlinge aus.
3. Schreibe deine Bitten oder deinen Dank auf die Schmetterlinge.
4. Male sie von beiden Seiten so bunt an, wie es dir gut gefällt.
5. Falte die Flügel der Schmetterlinge an der gestrichelten Linie nach oben.
6. Lass deine Gebetsschmetterlinge fliegen – befestige sie mit Klebeband an der Fensterscheibe.

falten

UNSERE EIGENEN
GEBETE
FÜR DIE GANZE
FAMILIE

UNSERE EIGENEN GEBETE
FÜR DIE GANZE FAMILIE

Manchmal hast du Gott ganz viel zu sagen und dann sprudelt es beim Beten nur so aus dir heraus. Und dann wieder ist es ganz anders. Da kann das Beten richtig schwerfallen; zum Beispiel, wenn du gar nicht weißt, was du sagen möchtest. Oder wenn dir die passenden Worte fehlen. Dann kann es helfen, wenn es schon ein Gebet gibt, das du für dich anpassen kannst. Die folgenden Gebete möchten dich an die Hand nehmen und dir helfen, um die Worte zu finden, die für dich richtig sind.

FÜR ANDERE MENSCHEN

Ich möchte für meine Mama/Oma/Schwester/Freundin

. . . .

beten. Pass gut auf sie auf! Besonders morgen, denn da hat sie einen wichtigen Arzttermin/ein schwieriges Gespräch/eine Prüfung
Amen.

DANKE FÜR DIESEN TAG

Lieber Gott, danke für den Tag heute! Ich habe so viel erlebt, wofür ich dir danke sagen möchte:

Heute Morgen habe ich . . . .

. . . .

Mittags haben wir . . . .

. . . .

Nachmittags war . . . .

. . . .

Und abends schließlich habe ich . . . .

. . . .

Danke für die vielen schönen Erlebnisse! Lass mich jetzt gut schlafen und pass auf alle Menschen auf.

Sei ganz besonders bei . . . .

Gute Nacht, lieber Gott!

WENN JEMAND KRANK IST

Lieber Gott

. . . .

ist krank. Ihr/ihm geht es gerade gar nicht gut. Lass du sie/ihn spüren, dass du da bist und auch auf uns aufpasst, wenn wir krank sind.
Amen.

WENN ICH ANGST HABE

Manchmal habe ich Angst, zum Beispiel, wenn ich

. . . .

Oder wenn

. . . .

passiert. Lass mich daran denken, dass du immer bei mir bist. Das macht mir Mut!
Amen.

WENN JEMAND TRAURIG IST

Lieber Gott, ich bitte
dich für

. . . .

Sie/Er ist gerade sehr traurig, weil

. . . .

Lass mich da sein und sie/ihn trösten. Und wenn sie/er lange genug traurig war, dann hilf mir, sie/ihn wieder zum Lachen zu bringen!

. . . .

Amen.

HIER KANNST DU DEINE EIGENEN GEBETE AUFSCHREIBEN

BETEN – WAS IST DAS EIGENTLICH UND WIE GEHT ES?

Beim Beten geht's um Gott und dich – um euch beide als starkes Team. Beten kann wie ein Gespräch mit einer besten Freundin sein. Ihr könnt euch alles erzählen, was euch beschäftigt. Mal geht es um schöne Dinge, dann wieder um Schweres und Trauriges. Ihr dürft euch alles sagen. So ist das auch mit Gott. Ihm kannst du immer – egal, wann und wo – erzählen, was dich beschäftigt. Und du kannst sicher sein, dass er dir gut zuhört und sich für dich interessiert. Vielleicht antwortet dir Gott nicht auf die gleiche Art wie deine Freundin oder dein Freund das tut. Trotzdem ist er immer für dich da.

EINFACH DA SEIN

Beten heißt: Ich mache mir bewusst, dass Gott da ist. Er ist nicht einfach nur da, er ist für mich da! Bei Gott darf ich mich entspannt zurücklehnen und ausruhen. Ich darf einfach genießen, dass er da ist – für mich da! Ich kann da sein, bei ihm – ohne etwas tun zu müssen.

ZUHÖREN

Und dann kann ich zuhören, was Gott mir zu erzählen hat. Vielleicht sagt er das nicht mit Worten; vielleicht kommt mir ein bestimmter Gedanke oder ich fühle etwas, das vorher nicht da war. Vielleicht begegnet mir auch jemand, bei der oder dem ich den Eindruck habe: Du bist direkt von Gott zu mir geschickt!

ERZÄHLEN

Beim Beten darf ich auch selbst ganz viel erzählen. Gott hat mich sehr lieb und freut sich immer, wenn ich ihm aus meinem Leben erzähle. Ich kann einfach drauflosreden, was ich auf dem Herzen habe und was mir in den Kopf kommt. Meine Worte müssen nicht perfekt sein, sie dürfen ruhig durcheinanderpurzeln. Ich kann erzählen, was heute schön war, was mir Freude macht und gut tut. Was mich traurig oder wütend macht. Was ich mir wünsche, worauf ich hoffe und worum ich Gott bitten möchte. Alles, was mich beschäftigt, kann mein Gebet sein. Und wenn mir gerade die passenden Worte fehlen, finde ich vielleicht ein bereits geschriebenes Gebet, welches das ausdrückt, was ich sagen möchte.

BETEN MIT DEM GANZEN KÖRPER

Beten geht nicht nur mit Worten – es darf der ganze Körper zum Einsatz kommen! Du kannst mit der Hand ein Kreuzzeichen machen, die Hände falten, dich ganz ruhig hinsetzen, knien, stellen oder legen.
Du darfst beim Beten aber auch in Bewegung sein: Du kannst beim Laufen beten oder beim Fahrradfahren. Im Auto auf dem Weg zum Kindergarten oder beim Schaukeln auf dem Spielplatz. Probier´ doch mal aus, wie du am liebsten betest!

ALLEIN ODER MIT ANDEREN ZUSAMMEN BETEN

Beten kannst du allein oder mit anderen Menschen: mit deiner Mama oder deinem Opa; mit deiner Schwester oder einem Freund; zusammen am Esstisch oder mit ganz vielen Menschen im Gottesdienst. Und wenn du ganz allein betest, kannst du dir sicher sein, dass irgendwo auf der Welt auch gerade jemand betet – dann seid ihr schon zu zweit!

IMMER UND ÜBERALL

Beten kannst du am Morgen nach dem Aufwachen und am Abend vor dem Einschlafen. Vor und nach dem Essen. Auf dem Weg zum Kindergarten oder zur Schule. Auf dem Nachhauseweg. Beten kannst du auch immer zwischendrin. An der Bushaltestelle oder der roten Ampel. Zusammen mit deiner Familie und deinen Freunden. Wenn gerade etwas Schönes passiert. Oder wenn du plötzlich Angst vor etwas hast. Gott ist immer da und hört dir zu.

Quellen

Gebete von Julia Kottal (Seiten 12 und 55), aus: Julia Ginsbach, Gebete für die Kleinsten, © 2017 Verlag Herder GmbH, Freiburg i.Br.

Die Gebete von Lena Raubaum (Seiten 20, 21, 22, 25 und 30), aus: Lena Raubaum/Katja Seifert, Mit Worten will ich dich umarmen, © Tyrolia Verlag, Innsbruck.

Gebet „Komm, Heiliger Geist“ (Seiten 73-74): © Text: Friedrich Dörr, Rechtsnachfolge.

Texte im Kapitel „Feste im Jahreskreis“, aus: Pia Biehl, Katrina Lange (Illustratorin), Das Kirchenjahr für Kinder, © 2019 Verlag Katholisches Bibelwerk GmbH, Stuttgart.

Texte im Kapitel „Kinderbibelerzählungen“, aus: Beatrix Moos, Ilsetraud Köninger, Judith Heger (Illustratorin), Die große Kinderbibel für jeden Tag. 365 Geschichten, © 2020 Verlag Katholisches Bibelwerk GmbH, Stuttgart.

Die Ständige Kommission für die Herausgabe der gemeinsamen liturgischen Bücher im deutschen Sprachgebiet erteilte für die aus diesen Büchern entnommenen Texte die Abdruckerlaubnis. © 2022 staeko.net

Bei einigen Texten war es trotz gründlicher Recherche nicht möglich, die Rechteinhaber der Texte ausfindig zu machen. Honoraransprüche bleiben im üblichen Rahmen bestehen.

1. Auflage 2022

Gesamtgestaltung: Weiß-Freiburg GmbH – Grafik und Buchgestaltung, Freiburg i.Br.

Hersteller gemäß ProdSG:
Druck und Bindung: NEOGRAFIA, Sučianska 39A, 038 61 Martin-Priekopa, Slowakei
Verlag: Verlag Katholisches Bibelwerk GmbH, Silberburgstraße 121, 70176 Stuttgart

ISBN 978-3-96157-175-8
www.bibelwerkverlag.de